Franz-Josef Bode

Heute erfüllt sich das Wort

Franz-Josef Bode

Heute erfüllt sich das Wort

Die Botschaft des Lukasevangeliums

verlag Katholisches Bibelwerk Stuttgart
ars liturgica Buch- & Kunstverlag Maria Laach

TE DEUM · Jahresedition

Ein Gemeinschaftsprojekt
von Verlag Katholisches Bibelwerk, Stuttgart
www.bibelwerk.de
und Ars Liturgica Buch- & Kunstverlag, Maria Laach
www.maria-laach.de

Neuausgabe
Die Erstausgabe erschien 2006 im Verlag Herder,
Freiburg im Breisgau

Umschlaggestaltung: Finken & Bumiller, Stuttgart
Umschlagmotiv: Evangelist Lukas. Griechische Buchmalerei,
Evangeliar aus dem 10. Jh., Nationalbibliothek Athen.
Fotografie der Abbildung: © picture alliance.
Satz: Olschewski Medien GmbH, Stuttgart
Druck und Bindung: finidr s.r.o., Český Těšín
Printed in the Czech Republic

ISBN 978-3-460-23208-2 Verlag Katholisches Bibelwerk
ISBN 978-3-86534-215-7 Ars Liturgica Buch- & Kunstverlag

Inhalt

ZUR EINFÜHRUNG

Lukas – der Evangelist des Alltags

»Heute hat sich das Schriftwort erfüllt« – daran ist dem Evangelisten, den wir Lukas nennen, besonders gelegen (vgl. Lk 4,21): Gottes Wort ist nicht Vergangenheit, es (er)füllt sich im Heute und gibt Nahrung für den Weg in die Zukunft. Lukas ist der »Evangelist des Alltags« (Hermann-Josef Venetz). Für ihn ist der Alltag die Zeit des Heils, dort, wo wir unterwegs sind mit Zweifeln, Beschwerden, Ängsten und Versuchungen und wo wir Menschen begegnen, die niedergeschlagen, arm, krank, ausgestoßen und verachtet sind. Der Alltag ist die Zeit des Heils, da Junge und Alte, (Schrift-)Gelehrte und Zöllner, Fromme und Sünder, Männer und Frauen einander begegnen und um den richtigen Weg, die richtige Lebensgestaltung ringen.

Das Weg-Motiv ist Lukas wichtig: der Weg mit Jesus zu den Menschen, zu allen Menschen. Um ihn »der Reihe nach« (Lk 1,3) aufzeigen zu können, braucht Lukas zwei Bücher, das Doppelwerk des Evangeliums und der Apostelgeschichte: von Galiläa nach Jerusalem, von Jerusalem nach Rom und »bis an die Grenzen der Erde« (Apg 1,8).

Auf die Benachteiligten, die an den Rand Gedrängten, die leidvoll in sich selbst und in der Vordergründigkeit der Welt Gefangenen richtet sich sein besonderes Interesse, um die herausfordernde Botschaft vom barmherzigen Gott in aller Tiefe und Weite zu verkünden. Mit dieser Botschaft Jesu richtet er sich an Menschen, die nicht über das Judentum, sondern von überall her als ›Heiden‹ zu den »Anhängern des (neuen) Weges« (Apg 9,2) gefunden haben und sich Christen nennen: Gesalbte und Gesandte wie Christus (vgl. Lk 4,18).

Über Zeit und Ort der Entstehung des Doppelwerks gibt es verschiedene Meinungen. Viele setzen die Jahre zwischen 80 und 90 dafür an (nach dem Untergang Jerusalems im Jahr 70 n. Chr.). Andere datieren wesentlich früher: vor 62, dem Jahr des Martyriums des Apostels Jakobus in Jerusalem. Wie dem auch sei: Es ist ein pro-vozierendes Evangelium, das heraus-ruft aus dem Kreisen um sich selbst und seine Gruppe, um den Weg zu den Menschen wie zu Gott zu finden, mit Jesus unterwegs zu bleiben und sich nicht nur vom eigenen Willen, sondern mehr noch vom Geist Gottes führen zu lassen.

Der Heilige Geist spielt im Lukasevangelium eine besondere Rolle als motivierende, treibende Kraft für Jesus und alle, die ihm folgen von der Ankündigung der Geburt Jesu bis Pfingsten und darüber hinaus. So bildet sich Kirche, die Gemeinschaft der »Herausgerufenen« (auf Griechisch: ekklesia).

Die Überlieferung sieht Lukas als Arzt (vgl. Kol 4,14). Er hat tatsächlich eine besondere Beziehung zur heilenden und aufrichtenden Kraft des Heilands und »Arztes« Jesus, wie die Kirchenväter Christus nennen. Seine literarischen Meisterleistungen lassen auf wissenschaftliche Bildung schließen. Auch ordnet ihm die Tradition das Bild des Stieres zu (aus den vier Wesen um Gott in Offb 4,6f.; vgl. Ez 1,5–21). Und wirklich, es ist eine Botschaft voller Kraft und Vollmacht, die Menschen in Atem hält (Venetz) und die befähigen will, dem alltäglichen Leben gewachsen zu sein. »Täglich« nehme der Mensch sein Kreuz auf sich (Lk 9,23), ergänzt Lukas bezeichnenderweise den Satz aus dem Markusevangelium (Mk 8,34); »täglich«, im immer neuen Heute, soll sich mit Leben (er)füllen, was sich in der Botschaft Jesu ausspricht.

Dazu passt, dass Lukas besonders deutlich macht: Nicht nur der Tod Jesu, sondern sein ganzes Leben mit seinem Sterben und Auferstehen bewirkt das Heil der Menschen. Der Gedanke vom stellvertretenden Sühnetod Christi tritt zurück vor dem Gedanken, dass sein gesamtes Wirken Dienst ist (vgl. Lk 22,27), um das Verlorene zu suchen und zu retten (vgl. Lk 19,10). Das Heil gründet schon in der Geburt des Retters (vgl. Lk 2,11). Der Lebensweg Jesu macht ihn zum »Urheber des Lebens« (Apg 3,15), zum »Führer zum Leben«, wie Fridolin Stier übersetzt, für unseren Weg im Heute. So werden wir selbst zu Theophilus, auf Deutsch: zum »Gottesfreund«, an den Lukas sein Doppelwerk adressiert (Lk 1,3; Apg 1,1).

Treten wir durch die Betrachtungen des vorliegenden Buches – die vierzig Abschnitte eignen sich gut für eine Lektüre über vierzig Tage hin – in einen neuen Dialog mit Jesus, wie ihn uns das Lukasevangelium verkündet. Dann wird er selbst uns den Sinn der Schrift aufschließen, damit uns neu das Herz brennt in der Kraft seines Geistes.

1 Den grösseren Gott lobpreisen

Lk 1,46–55

46 *Da sagte Maria:*
Meine Seele preist die Größe des Herrn, /
47 *und mein Geist jubelt über Gott, meinen Ret-*
ter.
48 *Denn auf die Niedrigkeit seiner Magd hat*
er geschaut. / Siehe, von nun an preisen mich
selig alle Geschlechter.
49 *Denn der Mächtige hat Großes an mir ge-*
tan / und sein Name ist heilig.
50 *Er erbarmt sich von Geschlecht zu Ge-*
schlecht / über alle, die ihn fürchten.
51 *Er vollbringt mit seinem Arm machtvolle*
Taten: / Er zerstreut, die im Herzen voll Hoch-
mut sind;
52 *er stürzt die Mächtigen vom Thron / und*
erhöht die Niedrigen.
53 *Die Hungernden beschenkt er mit seinen*
Gaben / und lässt die Reichen leer ausgehen.
54 *Er nimmt sich seines Knechtes Israel an /*
und denkt an sein Erbarmen,
55 *das er unsern Vätern verheißen hat, /*
Abraham und seinen Nachkommen auf ewig.

Drei Höhepunkte im Lukasevangelium sind die drei großen Lobgesänge im Zusammenhang mit der Geburt Jesu: Der Lobgesang Marias bei Elisabet (Lk 1,46–55), der Lobgesang des Zacharias nach der Geburt des Johannes (Lk 1,68–9) und der Lobgesang des Simeon bei der Darstellung Jesu im Tempel (Lk 2,29–32). Sie werden nach ihren Anfangswörtern in der lateinischen Bibelübersetzung *Magnifikat*, *Benediktus* und *Nunc dimittis* genannt. Die Bedeutung dieser Lobgesänge wird dadurch verstärkt, dass die Kirche sie jeden Tag in ihrem Stundengebet erklingen lässt: Sie gehören zum Abendgebet (Vesper), Morgengebet (Laudes) und zum Nachtgebet (Komplet), wie es viele Christen, vor allem die Mönche und Nonnen, Priester und Diakone, täglich beten. Diese Lobgesänge verstummen also nie, denn irgendwo auf der Welt werden zu jeder Zeit diese Worte gesprochen – »von Geschlecht zu Geschlecht« (Lk 1,50). Kein Tag der Kirche beginnt ohne das *Benediktus*, kein Tag der Kirche neigt sich ohne das *Magnifikat*, kein Tag endet und keine Nacht beginnt ohne das *Nunc dimittis*. Die Kirche stellt sich mit Maria, Zacharias und Simeon vor den Herrn unseres Lebens, um ihn zu loben und zu preisen mitten in all den Ereignissen eines Tages: voller Freude und Schrecken, voller Licht und Dunkel, voller Begeisterung und Abgrund, voller Leben und Tod.

Das *Magnifikat* ist nicht zu trennen von der Begegnung Marias mit Elisabet, der so genannten ›Heim-suchung‹ (Lk 1,39–56). Alle Grundbewegungen des Glaubens sind in dem Bericht enthalten: Maria bleibt nicht bei ihrer Erwählung stehen, sondern bricht auf und folgt dem Zeichen des Engels; sie scheut nicht die Anstrengung (im Gebirge); sie will helfen (sie war nicht aufgebrochen, um einer anderen Schwangeren das Magnifikat vorzusingen); sie tritt ein in das Haus, in die Lebenswelt ihrer Cousine – und es kommt zu der bewegenden (zweimal ist von »hüpfen« die Rede) Begegnung dieser beiden gesegneten Frauen, die unendlich mehr ist als ein Treffen. Elisabet preist Marias Glauben, ihr Vertrauen auf den größeren Gott, und Maria gibt diesen Lobpreis weiter an diesen immer größeren Gott.

- Aufbrechen
- Zeichen folgen
- Helfen wollen
- Eintreten
- Begegnen
- Vertrauen
- Lobpreisen:

Das sind sieben Grundbewegungen, die den Weg des Glaubens ausmachen und die durch die Jahrhunderte hindurch für unzählige Menschen Grundbewegungen ihres Lebens geworden sind.

Das Ziel ist der Lobpreis und die Anbetung Gottes, eines Gottes, der auf die Niedrigkeit der Menschen schaut und sie erhöht. Gottes **Größer-Sein** macht den Menschen nicht klein, erdrückt ihn nicht, sondern erhebt ihn, macht ihn groß, befreit ihn und bringt ihn zur Entfaltung. Seine Heiligkeit besteht darin, den Menschen zu heilen, seine Größe zeigt sich in seiner Schwäche für die Schwachen, seine Macht erweist sich in der Solidarität mit den Ohnmächtigen. Verblendender Reichtum, arroganter Hochmut, rohe Gewalt sind für ihn die Mächte, die durch die Macht seiner Liebe gestürzt werden müssen, in welchem Gewand sie auch auftreten in unserer kleinen oder in der großen Welt.

Viele Themen des Lukasevangeliums klingen hier schon an: Armut und Reichtum, Barmherzigkeit und Macht, Erniedrigung und Erhöhung, klein und groß … Und das alles ist eingebettet in die große Heilsgeschichte Gottes mit den Menschen. »Er nimmt sich seines Knechtes Israel an und denkt an sein Erbarmen, das er unsern Vätern verheißen hat, Abraham und seinen Nachkommen auf ewig.«

Das ganze Magnifikat besteht aus Worten der Heiligen Schrift über die Geschichte Gottes mit seinem Volk.

Wenn ein solcher Lobgesang für die Kirche am Abend eines jeden Tages steht, dann will sie damit verkünden: Wie auch immer ein Tag verlaufen ist mit all den Höhen und Tiefen, es bleibt ein Tag, der dennoch mit dem Lobpreis Gottes endet. Oder gerade deshalb, damit wir in all dem Alltäglichen, Belastenden nicht untergehen und den Dank nicht verstummen lassen für alles, was der Tag positiv ans Licht gebracht hat. Wie der Lobgesang der drei Jünglinge im Feuerofen (Dan 3,51ff.), soll das Magnifikat der Kirche und unser persönliches erklingen, das der unverschämten »Hoffnung wider alle Hoffnung« (Paulus im Römerbrief) Ausdruck verschafft und die Erniedrigten nicht vergisst.

Immerhin folgt auf das Magnifikat der sehr ›geerdete‹ Satz: »Maria blieb etwa drei Monate bei Elisabet.« Der Lobpreis ermutigt zum Bleiben und Handeln!

2 Erinnerung – Der Schlüssel zur Hoffnung

Lk 1,68–79

68 Gepriesen sei der Herr, der Gott Israels! /
Denn er hat sein Volk besucht und ihm Erlö-
sung geschaffen;
69 er hat uns einen starken Retter erweckt /
im Hause seines Knechtes David.
70 So hat er verheißen von alters her / durch
den Mund seiner heiligen Propheten.
71 Er hat uns errettet vor unseren Feinden /
und aus der Hand aller, die uns hassen;
72 er hat das Erbarmen mit den Vätern an
uns vollendet / und an seinen heiligen Bund
gedacht,
73 an den Eid, den er unserm Vater Abraham
geschworen hat; / 74 er hat uns geschenkt, dass
wir, aus Feindeshand befreit, /
ihm furchtlos dienen 75 in Heiligkeit und Ge-
rechtigkeit / vor seinem Angesicht all unsre
Tage.
76 Und du, Kind, wirst Prophet des Höchsten
heißen; / denn du wirst dem Herrn vorangehen
und ihm den Weg bereiten.
77 Du wirst sein Volk mit der Erfahrung des
Heils beschenken / in der Vergebung der Sün-
den.

78 *Durch die barmherzige Liebe unseres Gottes / wird uns besuchen das aufstrahlende Licht aus der Höhe,*

79 *um allen zu leuchten, die in Finsternis sitzen und im Schatten des Todes, / und unsre Schritte zu lenken auf den Weg des Friedens.*

Kein Tag im Leben der Kirche beginnt ohne dieses erste Wort: »Gepriesen sei der Herr.« Die Worte des Zacharias gehören zum kirchlichen Morgengebet, der *Laudes*. Wie auch immer die Nacht gewesen ist, wo auch immer die Dunkelheit uns zu übermächtigen drohte, was auch immer der Tag uns bringen wird: Er beginnt mit: »Gepriesen sei der Herr«.

Zacharias löste sich wieder die Zunge nach dem Verstummtsein vor den Plänen Gottes, die er zunächst nicht begreifen konnte. Er findet die Sprache wieder, weil er plötzlich die Zusammenhänge der Geschichte Gottes mit den Menschen erkennt und die große Heilsgeschichte auch in seiner eigenen Geschichte und in der seiner Familie wiederfindet.

Die erste Hälfte seines Gesangs bezeugt, was Gott alles getan hat: von Abraham über David und die Propheten bis zur Geburt dieses Kindes: sein und Elisabets Sohn, über den alle staunen und dessen Name Programm ist: Johannes bedeutet »Gott ist Gnade«! Alles, was wir sind und haben, ist Gnade, ist Geschenk, ist Ausdruck des Willens eines Größeren, der »besucht und erlöst«, der Barmherzigkeit übt und seinem Bund mit den Menschen treu ist, wohin sie auch geraten sind.

Diese Erinnerungen des Heils streben auf die Mitte zu (V. 73b–75): »… er hat uns geschenkt, dass wir, aus Feindeshand befreit, ihm furchtlos dienen in Heiligkeit und Gerechtigkeit vor seinem Angesicht all unsre Tage.« Das ist das Ziel des ganzen Heilswerks Gottes: dass wir ihm furchtlos dienen alle Tage, in Heiligkeit und Gerechtigkeit, ihm zugehörig und den Menschen zugewandt als Geheilte und Erlöste, und dass wir den Dienst der Heil(ig)ung und Erlösung weiter vollziehen in seinem Namen. Die Geschichte Gottes mit uns Menschen wird zu unserer Geschichte mit den anderen Menschen, die durch uns das Heil erfahren sollen. Dafür steht der Dienst des Johannes, des Vorläufers und Wegbereiters. Zu diesem Dienst sind wir alle – je auf verschiedene Weise – als Christen berufen: ›Und du, Mensch, geh dem Herrn voran, lass das Volk Heil und Vergebung von Gott her erfahren. Er wird die Menschen auch weiter besuchen, als Licht aus der Höhe für die, die in Finsternis und Todesschatten sitzen. Er wird sie lenken – auch durch dich – auf dem Weg des Friedens.‹ Die Erfahrungen der Vergangenheit und der Gegenwart werden zur Verheißung einer gesegneten Zukunft. – Darauf folgt, wie nach dem

Lobpreis Marias, ein nüchtern-lapidarer Satz: »Das Kind wuchs heran und sein Geist wurde stark« (Lk 1,80).

Wer in der Haltung des Benediktus seinen Tag beginnt, die täglichen Aufgaben und Ereignisse angeht mit dem Schlüssel der Erinnerung, der Bereitschaft und der Hoffnung, der wird »wachsen und erstarken« – selbst bei Rückschlägen und Enttäuschungen, wie Paulus ausruft: »Darum werden wir nicht müde; wenn auch unser äußerer Mensch aufgerieben wird, der innere wird Tag für Tag erneuert ... uns, die wir nicht auf das Sichtbare starren, sondern nach dem Unsichtbaren ausblicken ...« (2 Kor 4,16.18).

3 Heute und für alle

Lk 2,8–14

8In jener Gegend lagerten Hirten auf freiem
Feld und hielten Nachtwache bei ihrer Herde.
9Da trat der Engel des Herrn zu ihnen und der
Glanz des Herrn umstrahlte sie. Sie fürchteten
sich sehr, 10der Engel aber sagte zu ihnen:
Fürchtet euch nicht, denn ich verkünde euch
eine große Freude, die dem ganzen Volk zuteil
werden soll: 11Heute ist euch in der Stadt Da-
vids der Retter geboren; er ist der Messias, der
Herr. 12Und das soll euch als Zeichen dienen:
Ihr werdet ein Kind finden, das, in Windeln ge-
wickelt, in einer Krippe liegt. 13Und plötzlich
war bei dem Engel ein großes himmlisches
Heer, das Gott lobte und sprach: 14Verherrlicht
ist Gott in der Höhe und auf Erden ist Friede
bei den Menschen seiner Gnade.

Die Ersten, die von der Geburt des Retters erfahren, sind – nicht untypisch für das Lukasevangelium – Hirten, einfache, oft verachtete Menschen, die ähnlich wie Zöllner in dem Verdacht standen, es mit Mein und Dein nicht so genau zu nehmen. Vor Gericht konnten sie deshalb keine Zeugenaussagen machen. Und überhaupt: Wer kann im freien Feld schon wirklich ›gesetzlich‹ leben?! – Die Vorliebe Gottes für die Armen und Verachteten, denen er sein Heil in besonderer Weise zuwendet, tritt hier deutlich hervor.

Hirten sind zugleich wachende, für die Zeichen der Natur und der Umgebung aufmerksame Menschen, die für ihre Tiere und auch für alle Gefahren ein besonderes Gespür haben. Sie sind stets bereit, sich und ihre Herde zu verteidigen. Nicht ohne Grund greift die Bibel oft sehr positiv zum Bild des Hirten. Gerade ihnen wird die Botschaft zuteil, die ausgerechnet ein Kind in der Krippe – geboren außerhalb der Herberge, weil dort kein Platz für dieses Kind war – als Retter und Messias offenbart. Offensichtlich können die Einfachen, Verdächtigten und Verachteten, die zugleich wach und bereit sind, am ehesten diese paradoxe Botschaft aufnehmen, dass ein in Windeln gewickeltes Kind in einer Futterkrippe der Retter des ganzen Volkes sein wird, der ersehnte Messias, der Friedensbringer, und nicht der Kaiser Augustus auf seinem Thron in Rom.

Die in der Heilsgeschichte vielfältig vorhergesagte Geburt des Retters ist nun ins Heute gekommen. Sie ist wirkliche, wirksame Gegenwart, in einem Heute, das ein für alle Mal gilt, auch morgen und immer. Denn das Heil, das durch dieses Kind in die Welt gekommen ist, ist unumkehrbar. Es wird sich ereignen im Auftreten Jesu – »Heute hat sich das Schriftwort, das ihr eben gehört habt, erfüllt« (Lk 4,21) – bis hin zum Kreuz, da Jesus dem mit ihm Gehängten zuspricht: »Heute noch wirst du mit mir im Paradies sein« (Lk 23,43).

Die Geburt dieses Kindes geschieht immer weiter, da hier nicht nur ein Mensch einmal zur Welt gebracht wird, sondern dieser Mensch zugleich als Gott sich immer neu zur Welt bringt und durch uns Menschen ›zur Welt gebracht werden‹ will. »Und wäre Christus tausendmal in Betlehem geboren und nicht in dir, du wärest allzumal ewiglich verloren.« Dieser berühmte Satz des Angelus Silesius unterstreicht dieses nie ins Gestern geratende Heute, das alles Morgen prägt bis zum ewigen Heute in der endgültigen Gegenwart des Menschen bei Gott.

Die Engel, die Deuter dieses zunächst völlig unscheinbaren Geschehens ›am Ende der Welt‹, weiten den Blick und machen die eigentliche Dimension des Geschehens in der Davidsstadt deutlich. Heilsgeschichte tritt in ihr unaufhörliches Heute ein und entfaltet ihre Wirkung für alle Menschen, auf denen das Wohlgefallen Gottes ruht. Dieses Ereignis in Betlehem ist der Kreuzungspunkt der Grundbewegungen des Heils: die Verherrlichung des immer größeren Gottes in der Höhe und der Friede für die Menschen in der Weite der Welt. Wahrer Friede geschieht nur dort, wo Gott die Ehre gegeben und kein Mensch vom Heil ausgeschlossen wird.

Der ganze Weg des lukanischen Doppelwerkes ist in dieser Botschaft der Engel vorgezeichnet: Gottes Ver-Herrlichung geschieht im Heil der Menschen – von Betlehem über Nazaret und Jerusalem bis an die Grenzen der Erde. Das Heil ist immer *im Heute* und *für alle*: Die Annahme dieses Heute bewahrt vor einer Verklärung der Vergangenheit und vor einer illusionären Flucht in die Zukunft; die Annahme des Heils für alle bewahrt vor Egoismen und Selbstgerechtigkeit und ermutigt zu missionarischer Weite. Darauf kann man nur reagieren wie die Hirten: »Kommt, wir gehen nach Betlehem, um das Ereignis zu sehen« (Lk 2,15); dann »rühmten (sie) Gott und priesen ihn für das, was sie gehört und gesehen hatten« (Lk 2,20).

4 Vor dem Augen-Blick Gottes

Lk 2,29–32

[29]*Nun lässt du, Herr, deinen Knecht, / wie du*
gesagt hast, in Frieden scheiden, wie dein Wort
es verheißen hat.
[30]*Denn meine Augen haben das Heil gese-*
hen, / [31]*das du vor allen Völkern bereitet hast,*
[32]*ein Licht, das die Heiden erleuchtet, / und*
Herrlichkeit für dein Volk Israel.

Die Begegnungen um die Geburt Jesu herum sind von besonderer Bedeutung für das Lukasevangelium: Vor der Geburt die Begegnung von Jesus und Johannes in der Begegnung von Maria und Elisabet. Nach der Geburt die Begegnung mit den Hirten und die Begegnung im Tempel mit den Greisen Simeon und Hanna anlässlich der »Darstellung«, der Weihe des Kindes. Die Geringen, die einfach Glaubenden, die Dienenden und die Alten sind die Ersten, denen sich der Mensch gewordene Gott zeigt: als Kind im Mutterschoß, als Kind in der Krippe, als Kind auf den Armen eines alten Menschen.

Gerade die letztgenannte Szene wird äußerlich recht unauffällig gewesen sein. Kleine Gruppen fanden sich oft mit Erstgeborenen im Tempel ein, gemäß dem Gesetz des Mose (Lk 2,23). Doch in dieser Szene liegt die Begegnung des Alten mit dem Neuen, des Gesetzes mit dessen Erfüllung, des steinernen Tempels mit dem Tempel in der Person dieses Kindes selbst, wie es im Johannesevangelium später heißen wird: »Er aber meinte den Tempel seines Leibes« (Joh 2,21).

Diese Begegnung mit dem Alten ist nicht zufällig. Sie ist erwartet, ersehnt – und vorbereitet vom Heiligen Geist (Lk 2,26). In der ganzen Unscheinbarkeit menschlicher Begegnungen vollziehen sich oft heilsgeschichtliche Vorgänge – nicht nur damals, sondern immer wieder –, deren Bedeutung für unser Leben wir oft erst später erkennen, die vielleicht entscheidende Weichen eines Weges, einer Berufung gestellt haben.

»Er nahm das Kind auf seine Arme und pries Gott.« – Die Erfüllung seiner Lebenssehnsucht liegt in Simeons Armen, das absolut Neue in den Armen eines Alten, den Verheißung und Erwartung wach und jung gehalten haben. Er konnte diese Begegnung gar nicht verpassen.

»Nun lässt du, Herr, deinen Knecht, wie du gesagt hast, in Frieden scheiden. Denn meine Augen haben das Heil geschaut ...« Die Worte des Simeon gehören zum Nachtgebet der Kirche, der *Komplet*. Wenn die Kirche jeden Abend mit diesem Wort in die Nacht geht, erkennt sie in jedem Tag die Begegnung mit Christus, mit dem immer Neuen und Bleibenden in dem immer Alten und Ablaufenden. Sie erkennt mit den Augen des Glaubenden in jedem Tag mit all seinen Geschehnissen, schönen wie schrecklichen, einen Tag Gottes, einen Tag Christi, einen Tag des Heiles – trotz allen Unheils, da jeder Augenblick unter dem »Augen-Blick« Gottes steht.

So soll auch jeder Einzelne seinen Tag beenden und vollenden (»komplettieren«), in die Tiefe durchbrechend bis zum Heil im Unheil, in die Weite bis an die Grenzen der Erde. Ein mit solch liebender Aufmerksamkeit beschlossener Tag bereitet für die Nacht und für einen neuen Morgen, die von den Mächten der Finsternis nicht überwältigt werden.

5 In Gott und unter den Menschen

Lk 2,41–50

[41]*Die Eltern Jesu gingen jedes Jahr zum Pa-*
schafest nach Jerusalem. [42]*Als er zwölf Jahre*
alt geworden war, zogen sie wieder hinauf, wie
es dem Festbrauch entsprach. [43]*Nachdem die*
Festtage zu Ende waren, machten sie sich auf
den Heimweg. Der junge Jesus aber blieb in Je-
rusalem, ohne dass seine Eltern es merkten.
[44]*Sie meinten, er sei irgendwo in der Pilger-*
gruppe, und reisten eine Tagesstrecke weit;
dann suchten sie ihn bei den Verwandten und
Bekannten. [45]*Als sie ihn nicht fanden, kehrten*
sie nach Jerusalem zurück und suchten ihn
dort. [46]*Nach drei Tagen fanden sie ihn im Tem-*
pel; er saß mitten unter den Lehrern, hörte
ihnen zu und stellte Fragen. [47]*Alle, die ihn hör-*
ten, waren erstaunt über sein Verständnis und
über seine Antworten. [48]*Als seine Eltern ihn*
sahen, waren sie sehr betroffen und seine Mut-
ter sagte zu ihm: Kind, wie konntest du uns das
antun? Dein Vater und ich haben dich voll
Angst gesucht. [49]*Da sagte er zu ihnen: Warum*
habt ihr mich gesucht? Wusstet ihr nicht, dass
ich in dem sein muss, was meinem Vater ge-
hört? [50]*Doch sie verstanden nicht, was er*
damit sagen wollte.

Was bei fast jeder großen Wallfahrt vorkommt, dass ein Kind außer Sichtweite gerät und gesucht werden muss, wird hier zu einer Offenbarung Jesu, der in Nazaret so unscheinbar aufwächst: »Wusstet ihr nicht, dass ich in dem sein muss, was meinem Vater gehört?« In ihm erfüllen sich die großen Worte des Alten Testaments über die Weisheit. Er ist selbst die Weisheit, und seine Lehre wird voller Kraft und Vollmacht sein.

Das erste Wort aus dem Munde Jesu, das Lukas überliefert, zeugt von einem Selbstbewusstsein, das ein ›Mehr‹ ausweist gegenüber den jungen Menschen und den Lehrern seiner Zeit. Nicht von ungefähr aber bleibt diese Szene eingeordnet zwischen den beiden Grundworten Weisheit (Lk 2,40) und *Gehorsam* (Lk 2,51). Denn davon ist dieser Junge geprägt: Weisheit von Gott her und Gehorsam gegenüber dem Vater – im Himmel wie auf Erden. Vom Wachsen und Zunehmen ist die Rede: Mehr und mehr bildet sich in Jesus das Bewusstsein für seinen besonderen Auftrag; mehr und mehr zeigt sich, wer er ist: ganz Menschensohn und ganz Gottessohn, nicht halb und halb.

In Jesus ist die Weisheit selbst in unserer Mitte. In ihm ist aber auch der neue Tempel da. Nicht mehr aus Steinen, sondern in der Gegenwart Gottes in Jesus. Johannes wird später vom »Tempel seines Leibes« sprechen

(Joh 2,21). Tempel und Gesetzeserfüllung sind für den jungen Jesus selbstverständlich, zugleich aber auch sein ganz eigenes *Sein in dem, was seinem Vater gehört*. Sein In-Gott-Sein und Unter-den-Menschen-Sein ist in ihm völlig eins. Und deshalb relativiert es auch alle Familienbeziehungen: »Warum habt ihr mich gesucht?« Ich gehöre nicht euch allein, weil ich (zu) einem Größeren gehöre.

Hier taucht das heilsgeschichtliche göttliche »Muss« auf, das uns auch in dem Zachäus-Bericht (»Ich muss heute in deinem Haus zu Gast sein«; Lk 19,5) und in der Emmaus-Geschichte (»Musste nicht der Messias …; Lk 24,26) begegnen wird. Jesus lebt in der ›Notwendigkeit‹ der unendlichen und unbegreiflichen Liebe Gottes, die nicht anders kann, als die Liebe zum Vater und zu den Menschen in seiner Person vollkommen in eins zu bringen. So ist die Szene mit dem Zwölfjährigen im Tempel weit mehr als eine Begegnung mit einem pubertierenden Jugendlichen (das sicher auch). Sie ist eine erste Selbstoffenbarung des Gottessohnes, dessen Weisheit radikaler Gehorsam und dessen Autorität radikale Hingabe ist.

Die Reaktion der Zuhörenden ist Staunen. Die Reaktion Marias nach der ersten Fassungslosigkeit und nach der Rückkehr nach Nazaret ist das *Bewahren im Herzen*. Das sind wohl die wichtigsten Reaktionen auf dieses

Geschehen, das alles Begreifen übersteigt und sich letztlich nur der staunenden und demütigen Betrachtung erschließt.

»Wusstet ihr nicht, dass ich in dem sein muss, was meinem Vater gehört?« Wer sich dieses ›Muss‹ selbst zu Eigen macht, wird Ruhe finden in Gott, weil Gott für ihn wirklich Gott ist – in der Einheit von Macht und Liebe, von Autorität und Hingabe, die frei macht von allen falschen Bindungen an Menschen oder Dinge.

6 Der Christus Gottes und die Christen

Lk 4,16–21

[16]So kam er auch nach Nazaret, wo er aufge-
wachsen war, und ging, wie gewohnt, am Sab-
bat in die Synagoge. Als er aufstand, um aus
der Schrift vorzulesen, [17]reichte man ihm das
Buch des Propheten Jesaja. Er schlug das Buch
auf und fand die Stelle, wo es heißt: [18]Der Geist
des Herrn ruht auf mir; denn der Herr hat mich
gesalbt. Er hat mich gesandt, damit ich den
Armen eine gute Nachricht bringe; damit ich
den Gefangenen die Entlassung verkünde und
den Blinden das Augenlicht; damit ich die Zer-
schlagenen in Freiheit setze [19]und ein Gna-
denjahr des Herrn ausrufe. [20]Dann schloss er
das Buch, gab es dem Synagogendiener und
setzte sich. Die Augen aller in der Synagoge
waren auf ihn gerichtet. [21]Da begann er, ihnen
darzulegen: Heute hat sich das Schriftwort,
das ihr eben gehört habt, erfüllt.

Das erste öffentliche Auftreten Jesu in der Synagoge seiner Heimatstadt Nazaret ist so etwas wie die Ouvertüre des Lukasevangeliums. Auch Matthäus und Markus berichten davon. Bei Lukas wird dieses Ereignis zu einer (Be-)Gründung des ganzen Weges Jesu aus der Heilsgeschichte heraus und zu einem ›Notenschlüssel‹ für die weitere Melodie seines Wirkens.

»Erfüllt von der Kraft des Geistes«, kehrte Jesus nach Galiläa zurück (Lk 4,14). Die treibende Kraft ist der Geist Gottes. Er ist das innere Lebensprinzip der Heilsgeschichte, die im Weg Jesu von Nazaret nach Jerusalem gipfelt und weitergeht von Jerusalem über Rom »bis an die Grenzen der Erde« (Apg 1,8; vgl. Lk 24,47). Folgerichtig schlägt Jesus einen Text aus dem Jesajabuch auf: »Der Geist des Herrn ruht auf mir; denn der Herr hat mich gesalbt. Er hat mich gesandt, damit ich den Armen eine gute Nachricht bringe ...« Dieses Wort ist die Überschrift, das Leitwort seiner Sendung, die aus der Salbung mit dem Geist Gottes erwächst.

Der »Gesalbte« (auf Griechisch *Christus*, auf Hebräisch Messias) lässt den Geist nicht nur auf sich ruhen. Er lässt sich auch senden zu den Menschen, vor allem – und das ist typisch für das Lukasevangelium – zu den Armen, den Gefangenen, den Blinden, den Zerschlagenen, um ein Gnadenjahr des Herrn auszurufen. Dieser Christus ist Gesandter Gottes und Heiland der Menschen. Alles, was er hier von Jesaja aufnimmt als Auftrag, wird im Evangelium und in der Apostelgeschichte entfaltet. So kann Jesus nach dem Zusammenrollen der Heiligen Schrift frei weiterreden ins Angesicht der gespannten Zuhörer: »Heute ist dieses Wort vor euren Ohren erfüllt worden.«

Dieses »Heute« ist das heilsgeschichtliche Heute, das Lukas aus dem Alten Testament aufgreift und das überlieferte Worte, Verheißungen und Ereignisse vergegenwärtigt und erfüllt. Dieses Heute meint nicht den Tag der Begegnung in Nazaret. Dieses Heute wirkt zeitlos weiter bis in das Heute unserer Tage und unserer eigenen Lebensgeschichte. Es ist das *aggiornamento*, die »Verheutigung« der Vergangenheit, die in der Beziehung zu Gott, zu Christus jeden Tag möglich ist, denn Christus bleibt derselbe »gestern, heute und in Ewigkeit« (vgl. Hebr 13,8). Dieses Heute ist möglich durch den Heiligen Geist, der wirksam bleibt in jeder Begegnung mit Gott, besonders in den Heilszeichen, den Sakramenten der Kirche, aber auch überall dort, wo etwas von dem geschieht, was Jesus als seine Sendung beschreibt.

Das Heute der Evangelien ist immer Zusage und Herausforderung zugleich. Es lässt den Menschen staunen und betroffen sein, dass Gott so nah in unser Hier und Heute, aber auch so unausweichlich und unberechenbar in unsere (Lebens-)Geschichte eintritt, dass wir nicht fliehen können, sondern uns an ihm entscheiden müssen. Christ-Sein, Gesalbt-Sein ist nicht der Ruheplatz des Heiligen Geistes oder das Ausruhen in der Würde der Gotteskindschaft, sondern konkrete, herausfordernde Sendung – »wie Schafe mitten unter die Wölfe« (Lk 10,3).

Arme jeder Art gibt es in großer Zahl um uns herum; hinter manchem materiellen Reichtum steckt viel Armut eines einsamen, verzweifelten Menschen. Gefangene gibt es nicht nur in den Gefängnissen, sondern mehr unter denen, die sich vom Konsum, vom Markt, von Dingen und Menschen, vom eigenen Ich gefangen nehmen lassen. Auch an Blinden fehlt es nicht, die sehend blind sind, weil sie keinen Blick mehr haben für das Gute und Schöne aus Enttäuschung oder Resignation, weil sie keine Perspektive mehr sehen, weil sie Wirklichkeiten ausblenden oder geblendet sind von den schrillen Oberflächlichkeiten, die unablässig auf uns einstürzen. Und dann die vielen Zerschlagenen, Niedergeschlagenen, Zermürbten, die sich nach Aufrichtung und Freiheit sehnen.

Das Gnadenjahr des Herrn, die Zeit der Großmut und des Neuanfangs, der Vergebung und der ersten Schritte aufeinander zu, diese Zeit Gottes können wir jeden Tag leben, indem wir neue Chancen und Lebensmöglichkeiten für andere auftun. Solche alltägliche Annahme des jeweiligen Heute ist Frucht des Geistes, der uns geschenkt ist in Taufe und Firmung. So wird Salbung zur Sendung.

7 Der notwendige Konflikt

Lk 4,22–30

*22Seine Rede fand bei allen Beifall; sie staunten
darüber, wie begnadet er redete, und sagten: Ist
das nicht der Sohn Josefs? 23Da entgegnete er
ihnen: Sicher werdet ihr mir das Sprichwort vor-
halten: Arzt, heile dich selbst! Wenn du in Ka-
farnaum so große Dinge getan hast, wie wir ge-
hört haben, dann tu sie auch hier in deiner
Heimat! 24Und er setzte hinzu: Amen, das sage
ich euch: Kein Prophet wird in seiner Heimat
anerkannt. 25Wahrhaftig, das sage ich euch: In
Israel gab es viele Witwen in den Tagen des
Elija, als der Himmel für drei Jahre und sechs
Monate verschlossen war und eine große Hun-
gersnot über das ganze Land kam. 26Aber zu
keiner von ihnen wurde Elija gesandt, nur zu
einer Witwe in Sarepta bei Sidon. 27Und viele
Aussätzige gab es in Israel zur Zeit des Prophe-
ten Elischa. Aber keiner von ihnen wurde ge-
heilt, nur der Syrer Naaman. 28Als die Leute in
der Synagoge das hörten, gerieten sie alle in
Wut. 29Sie sprangen auf und trieben Jesus zur
Stadt hinaus; sie brachten ihn an den Abhang
des Berges, auf dem ihre Stadt erbaut war, und
wollten ihn hinabstürzen. 30Er aber schritt mit-
ten durch die Menge hindurch und ging weg.*

»Seine Rede fand bei allen Beifall; sie staunten darüber, wie begnadet er redete.« – »Als die Leute in der Synagoge das hörten, gerieten sie alle in Wut … (und) stießen ihn zur Stadt hinaus.« Größer kann die Spannung zwischen den Reaktionen auf die Worte Jesu gar nicht sein: zwischen Staunen und totaler Ablehnung, zwischen Begeisterung und Zorn, zwischen »Hosianna!« (Lk 19,38) und »Kreuzige ihn!« (Lk 23,21).

Ein Mensch, der mit solch göttlichem Anspruch daherkommt, lässt staunen über die Nähe des größeren Gottes, über dessen Nähe zu den Armen und Gebeugten. Zugleich aber provoziert er auch, weil diese Nähe die Enge unserer Kreise, unserer Bilder, unserer Vorurteile, unserer Gewohnheiten, unseres Weltbildes und unserer Weltanschauung stört und in Frage stellt. Dies umso mehr, als Jesus die Provokation auf die Spitze treibt durch Beispiele aus der Geschichte, die die große Jesaja-Aussage vom »Gnadenjahr des Herrn« (Lk 4,18–19) kommentieren und konkretisieren – für die geschulten Ohren seiner Zuhörer in fast beleidigender Weise: Die Witwe von Sarepta und der Syrer Naaman, beide nicht zu Israel gehörig, werden zu Personen der besonderen Zuwendung Gottes, zu Schlüsselfiguren einer Heilsgeschichte, deren Ziel über Israel hinausgeht, einer Hinwendung des Höchsten nicht nur zu einigen Erwählten, sondern zu allen Völkern.

Die schwere Auseinandersetzung in der jungen Kirche, wie sie in der Apostelgeschichte beschrieben ist, beginnt schon hier: Das Heil wird nicht allein durch Israel vermittelt; die weiten Arme des salbenden und sendenden Gottes umfassen alle, »Juden und Griechen, Sklaven und Freie« (vgl. 1 Kor 12,13); der Geist Gottes lässt sich nicht begrenzen!

Das ist das große Anliegen des Lukas: die missionarische Kraft der Botschaft Jesu bis an die Grenzen der Erde und für alle, die an Grenzen geraten sind, wirksam darzustellen. Es geht ihm um einen Gott der Weite und der persönlichen Zuwendung, der im Heiland Jesus Christus erschienen ist: »Heute ist euch … der Retter geboren; er ist der Messias, der Herr« (Lk 2,11). Diese Botschaft muss provozieren, die religiös und politisch Mächtigen ebenso wie die, die ihn schon immer besser kannten: »Ist das nicht der Sohn Josefs?«

Denn Jesus fordert sein Volk und uns alle heraus, die Bilder von einem Gott zu zerstören, der in uns genehmer Entfernung bleibt, der gnädig gestimmt werden muss durch Kult und Opfer, der die Welt buchhalterisch einteilt in Gesetzliche und Gesetzlose, den das Herz des Menschen letztlich nicht interessiert. Freilich sind die Heiligen Schriften Israels voll von der Barmherzigkeit und der Liebe Gottes, wie ja auch die zitierte Jesajastelle zeigt

(Lk 4,18f.). Aber wenn sich diese ›Theo-logie‹ plötzlich so im Heute eines mitten unter den Menschen lebenden Mit-Menschen zeigt, wird es doch bedrängend und spannend.

»Sie gerieten in Wut«, waren außer sich, platzten vor Zorn, sprangen auf und warfen ihn aus ihrem Umfeld hinaus. Er musste gestürzt werden! Und sei es vom Berg. Jesu Ende deutet sich schon bei dieser ersten öffentlichen Begegnung an. Aber bis dahin hat er seine Sendung zu erfüllen: »Er aber schritt mitten durch die Menge hindurch und ging weg.« Auch bei Johannes geht er auf ähnliche Weise weg (Joh 8,59), weil die Zuhörer nicht verstehen, dass er größer ist als ihr Vater Abraham. Wo Menschen in *ihrem* Bild von Gott und seinem Gesandten, in *ihrem* Bild von seiner Zuwendung zum Menschen verharren, kann er nicht bleiben. In voller Souveränität geht er. Er tritt ab durch die Mitte, bis er selbst sich freiwillig denen ausliefert, die seine Sendung nicht ertragen. Er bestimmt, wann er sich ›ihrer Stunde‹ überlässt (»Das ist eure Stunde, jetzt hat die Finsternis die Macht«; Lk 22,53), wann er sich dem Vater übergibt und seinen Geist in dessen Hände legt (Lk 23,46).

Salbung, Sendung, Entscheidung, Freiheit: das sind Grunddimensionen unseres Christseins, unseres Gesalbtseins, die verhindern, dass wir den ›Abhang‹ hinabstürzen!

8 Die Sehnsucht nach dem Bräutigam

Lk 5,33-35

33*Sie sagten zu ihm: Die Jünger des Johannes fasten und beten viel, ebenso die Jünger der Pharisäer; deine Jünger aber essen und trinken.*
34*Jesus erwiderte ihnen: Könnt ihr denn die Hochzeitsgäste fasten lassen, solange der Bräutigam bei ihnen ist?* 35*Es werden aber Tage kommen, da wird ihnen der Bräutigam genommen sein; in jenen Tagen werden sie fasten.*

»Wenn Fasten, dann Fasten, wenn Rebhuhn, dann Rebhuhn.« Dieses geflügelte Wort kennen wir von *Teresa von Ávila*, der großen geistlichen Lehrmeisterin. In verschiedenen Zeiten des Lebens und des Jahres sind verschiedene Antworten auf die jeweiligen Situationen zu geben. »Es gibt eine Zeit zum Weinen und eine Zeit zum Lachen …«, hat schon der alttestamentliche Prediger Kohelet festgehalten (Koh 3,4) und uns einen der schlichtesten, aber auch der eingängigsten Texte über die Höhen und Tiefen menschlichen Lebens geschenkt.

Auch Jesus spricht von Hoch-Zeiten der Freude und Erfüllung und von Zeiten der Trauer und Entbehrung. Er wendet diese Erfahrung auf eine Fangfrage an, die ihm gestellt wird: Warum fasten deine Jünger nicht? Mitten in der Auseinandersetzung mit Pharisäern und Schriftgelehrten fragen sie ihn, denn Jesus hat sie heftig provoziert: Er hat einem Gelähmten mit göttlicher Autorität die Vergebung der Sünden zugesprochen (Lk 5,17–26), er hat den öffentlichen Sünder Levi vom Zoll weg in seine Nähe und den Kreis seiner Jünger berufen (Lk 5,27–32), und sein Bruch der Sabbatvorschriften (z. B. Lk 6,1–5) wird noch folgen. Jesus nutzt die Fastenfrage zur Selbstoffenbarung: Wenn der Bräutigam da ist, kann nicht gefastet werden! Es ist Hoch-Zeit durch die Anwesenheit Jesu. Die bei den Propheten immer wieder genannte Hochzeit Gottes mit seinem Volk hat begonnen. Im Menschensohn ist der Bräutigam gekommen. Die Zeit des Fastens ist vorüber, auch die seines eigenen Fastens in der Wüste. Jetzt ist Zeit des Heils, Zeit der Heilung, der Aufrichtung und der Freude.

»Es werden aber Tage kommen, da wird ihnen der Bräutigam genommen sein; in jenen Tagen werden sie fasten.« Jesus deutet die Zeit seines Leidens und Sterbens an. Aber auch die Zeiten, in denen die Nähe Gottes in Christus nicht mehr einfach greifbar und erfahrbar ist, die Zeiten des Gottesverlustes, der Gottesvergiftung, des ›Todes Gottes‹; die Zeiten, in denen Gott allenfalls der Abwesende und Fremde ist und in denen sich die Menschen anderen Göttern zuwenden, die kein Fasten fordern, sondern Konsum und Verschwendung verkörpern, dann allerdings Menschen zu neuem Fasten zwingen.

Erleben wir nicht heute in Gesellschaft, Kirche und oft im persönlichen Leben, dass uns der »Bräutigam« genommen ist, dass die personale Beziehung zu Christus uns schwer oder gar nicht gelingt?! Spüren wir nicht, dass wir durch Fasten, durch ›Konzentration‹ des Lebens, das Herz und den Geist erst wieder frei machen müssen für die Aufnahme dieses Bräutigams, der uns neu faszinieren und anziehen will?!

›Fastenzeiten‹ – ob die Fastenzeit der Kirche vor Ostern oder jede frei gewählte ›Auszeit‹ für meine Beziehung zu Gott – sind eine Chance, der Anwesenheit des Bräutigams neu inne zu werden: im ungeschönten Blick auf seine Abwesenheit in unserem Leben und in der neuen Bereitschaft, die Hochzeit mit ihm zu bereiten, damit die Tür nicht verschlossen wird, weil der Bräutigam uns nicht kennt (vgl. Mt 25,1–13).

Das Bildwort vom Bräutigam, seiner Gegenwart und seiner Abwesenheit, zielt auf eine Sehnsucht, von der das alttestamentliche Hohelied der Liebe spricht: Wohin ist er? Ich suchte ihn und fand ihn nicht. Ich rief, und er antwortete nicht. Mir stockte der Atem: Er war weg ... Wenn ihr meinen Geliebten findet, sagt ihm, ich bin krank vor Liebe (vgl. Hld 3,1–2; 5,6–8). Das uralte Bild der Suche nach dem Geliebten will uns ergreifen, besonders dort, wo unser Leben in Gewohnheit, Selbstverständlichkeit, Gleichgültigkeit dahinfließt.

Biblisches Fasten ist nicht Verzicht um des Verzichts willen, sondern steht im Dienst an der Sehnsucht nach dem Bräutigam unseres Lebens, die es neu zu wecken gilt.

9 Eine neue Zeit bricht an

Lk 5,36–39

36 Und er erzählte ihnen auch noch ein Gleich-
nis: Niemand schneidet ein Stück von einem
neuen Kleid ab und setzt es auf ein altes
Kleid; denn das neue Kleid wäre zerschnitten
und zu dem alten Kleid würde das Stück von
dem neuen nicht passen. 37 Auch füllt nie-
mand neuen Wein in alte Schläuche. Denn
der neue Wein zerreißt die Schläuche; er läuft
aus und die Schläuche sind unbrauchbar.
38 Neuen Wein muss man in neue Schläuche
füllen. 39 Und niemand, der alten Wein ge-
trunken hat, will neuen; denn er sagt: Der
alte Wein ist besser.

Jesus möchte keine Flickschusterei. Mit ihm kommt Neues, das man nicht zerstückeln und einfach als Flicken auf Altes nähen kann. Seine Botschaft taugt nicht dazu, Löcher zu stopfen oder Fehlendes zu ergänzen. Mit ihm kommt etwas so Einzigartiges in die Welt, dass es einer neuen Kleidung, einer inneren Wandlung bedarf.

Die Zeit, die Gesetze und die frommen Übungen nur quantitativ zu erweitern, ist vorbei. Es geht um eine qualitative Veränderung des Lebens, um eine Umkehr, um ein Umdenken, um eine neue Beziehung zu Gott und dem, den er gesandt hat. Wer es mit Jesus zu tun bekommt, zieht ein neues Gewand an, das nicht zerschnitten werden darf. Bei jeder Taufe wird das zeichenhaft deutlich in dem weißen Kleid, das der Täufling bekommt. »Denn ihr habt Christus (als Gewand) angelegt« (Gal 3,27), ihr spielt jetzt seine Rolle in der Welt, seid nicht verkleidet, sondern als seine auserwählten Heiligen »bekleidet euch mit aufrichtigem Erbarmen, mit Güte, Demut, Milde, Geduld« (Kol 3,12). Identifiziert euch mit Christus; ›agiert‹ in seiner ›Person‹ (von lateinisch: *persona*: Maske, Rolle, Charakter), um ihn zur Welt zu bringen.

Je mehr sich jemand in einem Theaterstück mit seiner Rolle identifiziert, desto mehr kommt die Rolle zur Wirkung. Und hier geht es um viel mehr: Christus selbst identifiziert sich mit dem Menschen und wird mehr als ein Kleid: »Nicht mehr ich lebe, sondern Christus lebt in mir«, kann Paulus sagen (Gal 2,20). Christus gleicht nicht meinen Mangel aus, sondern ich werde ganz von ihm ergriffen (vgl. Phil 3,12).

Deshalb kann es in unserer Hinwendung zu Christus nicht nur um ein Herumlaborieren an Symptomen gehen – so wichtig die Symptome sind, um eine Krankheit, eine Schuld, einen Mangel zu diagnostizieren, auszusprechen und anzugehen. Es geht um Heilung in der Wurzel (auf Latein: *radix*), um Heil, das uns *radikal* (das heißt: in der Wurzel) verändert und ergreift – freilich nicht durch eigenes Machen und eine Verschärfung der Frömmigkeit, sondern durch gelassene Offenheit für den Größeren.

Neuer Wein braucht neue Gefäße, neue Menschen, neue »Trinker«. Wer immer nur den alten Wein für gut hält, kann neuen nicht wirklich verkosten. Der neue Wein Jesu ist er selbst in seiner Person; nicht in neuen Gesetzen, sondern in einer neuen Beziehung. Es ist der Wein von dem Weinstock, der er selbst ist (vgl. Joh 15,1). Es ist der Wein, der seine eigene Lebenshingabe, sein eigenes Blut ist: »Dieser Kelch ist der Neue Bund in meinem Blut, das für euch vergossen wird«, wird er sagen, nachdem er die Apostel aufgefordert hat: »Nehmt den Wein und verteilt ihn untereinander! Denn ich sage euch: Von nun an werde ich nicht mehr von der Frucht des Weinstocks trinken, bis das Reich Gottes kommt« (Lk 22,17–18.20).

Dieser neue Wein ist kein Wein, der dem alten gleicht. Er braucht Menschen, die selbst bereit sind, sich hinzugeben und »keltern« zu lassen wie er. Menschen, die bereit sind, in der Kraft des Geistes Gemeinschaft der Kirche zu bilden: ›Blutsverwandtschaft‹ durch den Wein der Eucharistie, das Blut Christi.

Es geht darum, frei zu werden für den neuen Wein, der die ›Gefäße‹ durchaus angreifen kann, aber umso köstlicher wird, je weniger wir an ihm festhalten, sondern ihn einsetzen für die Freude, die Freude an Gott und seinem Reich, für die »nüchterne Trunkenheit« (*sobria ebrietas*), die den Christen eigen ist.

10 Gottes Option für die Armen

Lk 6,20–26

[20]Er richtete seine Augen auf seine Jünger und
sagte: Selig, ihr Armen, denn euch gehört das
Reich Gottes. [21]Selig, die ihr jetzt hungert, denn
ihr werdet satt werden. Selig, die ihr jetzt weint,
denn ihr werdet lachen. [22]Selig seid ihr, wenn
euch die Menschen hassen und aus ihrer Ge-
meinschaft ausschließen, wenn sie euch be-
schimpfen und euch in Verruf bringen um des
Menschensohnes willen. [23]Freut euch und
jauchzt an jenem Tag; euer Lohn im Himmel
wird groß sein. Denn ebenso haben es ihre
Väter mit den Propheten gemacht. [24]Aber weh
euch, die ihr reich seid; denn ihr habt keinen
Trost mehr zu erwarten. [25]Weh euch, die ihr
jetzt satt seid; denn ihr werdet hungern. Weh
euch, die ihr jetzt lacht; denn ihr werdet kla-
gen und weinen. [26]Weh euch, wenn euch alle
Menschen loben; denn ebenso haben es ihre
Väter mit den falschen Propheten gemacht.

Nach dem Matthäusevangelium verkündet Jesus seinen neuen Lebensstil als der »neue Mose« in einer breit entfalteten »Bergpredigt« (Mt 5,1 – 7,29). Bei Lukas dagegen spricht Jesus in der Ebene (Lk 6,17). Auf dem Berg hatte er nach einer durchbeteten Nacht die Zwölf erwählt, die nun den engsten Kreis um ihn bilden, die er Apostel nennt und die in Evangelium und Apostelgeschichte des Lukas das Fundament der Kirche bilden. Mit ihnen ist er wieder hinabgestiegen und umgibt sich nun mit der großen Schar der Jünger und des Volkes, vor allem auch mit Kranken und Besessenen (Lk 6,17–19). – Die Erwählung zum Apostelamt soll allen dienen, damit die Kraft, die von ihm ausgeht, weiter wirke (vgl. Petrus und Johannes in Apg 3).

In wesentlich schärferen Gegensätzen als im Matthäusevangelium wendet sich Jesus in der »Feldrede« des Lukasevangeliums den Menschen zu: »Selig, ihr Armen! Selig, die ihr jetzt hungert! Selig, die ihr jetzt weint! Selig seid ihr, wenn euch die Menschen hassen!« Da ist nicht die Rede von der »Armut *im Geist*« (Mt 5,3) oder vom »Hunger *nach Gerechtigkeit*« (Mt 5,6). Jesus spricht unmittelbar die Leidenden und die harte Wirklichkeit ihres Alltags an: Armut, Hunger. Er, der von der Krippe bis zum Kreuz das Leben der Menschen teilt, legt den Finger in die Wunden menschlichen und gesellschaftlichen Lebens.

Umso drastischer wird den Reichen, den Satten, den Lachenden und den Geschmeichelten das Gegenteil verkündet. Die Schere zwischen Arm und Reich wird deutlich benannt, ohne die Provokation zu scheuen. Wie später im Gleichnis vom reichen Prasser und dem armen Lazarus (Lk 16,19–31) verheißt Jesus eine ausgleichende Gerechtigkeit: »denk daran, dass du schon zu Lebzeiten deinen Anteil am Guten erhalten hast.«

Sattheit wird sich in Hunger, Lachen in Klage wandeln. – Auch danach spricht Jesus knapp und provokativ weiter von der Feindesliebe, vom Richten, von der Echtheit des Redens und Handelns.

In dieser »Schwarzweiß-Malerei« sucht mancher die differenzierenden Zwischentöne, doch der Jesus des Lukasevangeliums ergreift radikal Partei, hat eine Schwäche für die Schwachen und prägt seiner Kirche eine »Option für die Armen« ein. Mit vollem Ernst fordert Jesus eine neue Beziehung zum Besitz, zur Gerechtigkeit und eine neue Zuwendung zu allen an den Rand Geratenen oder Gestoßenen. Die Apostelgeschichte zeigt, wie sehr die Urgemeinde um das Teilen bemüht war (Apg 4,32ff.) und darum, die materielle Not von Menschen gegenüber geistiger Not nicht zu unterschätzen.

Dieser radikale Zug der Theologie des Lukas muss uns ein Stachel im Fleisch bleiben. Jedes Glaubenshandeln, auch das spirituelle, braucht die Leidenschaft für den Menschen in seinen konkreten Nöten. Nicht auf dem Berg der Erwählung verharren, sondern in die Ebene kommen und unter den Menschen bleiben, ist der Auftrag der Kirche. Sie kann nur dann Licht zu den Völkern bringen von Christus, dem *lumen gentium* (Licht der Völker), her, wenn sie *gaudium et spes* (Freude und Hoffnung) mit den Menschen teilt und wenn es »nichts wahrhaft Menschliches gibt, das nicht in den Herzen der Jünger Christi seinen Widerhall fände« (Zweites Vatikanisches Konzil).

Die Seligpreisungen und Weherufe Jesu im Lukasevangelium fordern uns heraus, uns hier und jetzt an dem Kampf gegen Durst, Hunger und Not zu beteiligen, freilich ermutigt und beflügelt von der Hoffnung auf ein Ziel, das niemals in einem ›irdischen Paradies‹ zu erreichen ist. »Freut euch an jenem Tag und jubelt; denn euer Lohn ist groß im Himmel.«

11 Mit Gottes Augen sehen lernen

Lk 6,39–42

*39Er gebrauchte auch einen Vergleich und
sagte: Kann ein Blinder einen Blinden führen?
Werden nicht beide in eine Grube fallen? 40Der
Jünger steht nicht über seinem Meister; jeder
aber, der alles gelernt hat, wird wie sein Meis-
ter sein. 41Warum siehst du den Splitter im
Auge deines Bruders, aber den Balken in dei-
nem eigenen Auge bemerkst du nicht? 42Wie
kannst du zu deinem Bruder sagen: Bruder,
lass mich den Splitter aus deinem Auge he-
rausziehen!, während du den Balken in deinem
eigenen Auge nicht siehst? Du Heuchler! Zieh
zuerst den Balken aus deinem Auge; dann
kannst du versuchen, den Splitter aus dem
Auge deines Bruders herauszuziehen.*

Wie kann ein Blinder einen Blinden führen, da beide den Weg nicht sehen?! Hier geht es nicht um Menschen, deren Augenlicht beeinträchtigt oder zerstört ist, von denen viele oft besser ›sehen‹ als Sehende, nicht also um Blinde, die mit allen anderen Sinnen so tief erkennen können. Hier geht es zunächst darum, sich nicht über den anderen zu erheben, sondern sich selbst und seiner eigenen

Schwäche bewusst zu bleiben. Die vorangehende Aufforderung, nicht zu richten und barmherzig zu sein, weil jeder der Barmherzigkeit bedarf (Lk 6,36–38), spricht dafür. Mehr noch der Vergleich mit dem Splitter und dem Balken.

Aber was bedeutet bei Jesus Blindheit? Blind zu sein für sich selbst und seine eigene Wahrheit, blind für die Suche und Not der Menschen, blind für die Schönheit Gottes und seiner Schöpfung, blind für die Führung Gottes, für den ›roten Faden‹ in unserem Leben, blind für den Weg, den ich gehen soll, für die Entscheidungen, die zu treffen sind, blind für Gott – in allem.

Dass Jesus hier zuerst die Pharisäer als blinde Führer anspricht, die alle peinlich genau zu wissen und richtig zu sehen meinen, ist aus dem Zusammenhang der »Feldrede« des Lukasevangeliums klar. Aber er wendet sich an alle Sehenden, die von Herzensblindheit befallen sind. Nur wer alles gelernt hat von seinem Meister, wird das Auge des Meisters haben für den richtigen Blick auf Gott und die Menschen. »Man sieht nur mit dem Herzen gut, das Wesentliche ist für die Augen unsichtbar.« Dieser berühmte Satz von Antoine de Saint-Exupéry verdeutlicht dieses innere Sehen aus der Beziehung zum Größeren. Wer mit dem Meister lebt, von ihm lernt (*mathētes*, griechisch für: Jünger; *manthanein*, griechisch für: lernen, verstehen), hat auch den Blick Gottes. »Ubi amor, ibi oculus«, sagt Thomas von Aquin: »Wo die Liebe ist, da ist auch das Auge.«

Solch neuer Blick unter dem Augen-blick Gottes lässt sich nicht ständig ablenken durch die Fehler des anderen. Er betrachtet zuerst sich selbst. Sonst bleiben die eigenen »Balken« unentdeckt, die das richtige Sehen verhindern. Erfolg, Freude, Glück, Stärken anderer sind einem uneinsichtigen Menschen ständig ein Dorn im Auge. Neid, Missgunst wachsen unbemerkt heran. Der unentwegte Vergleich mit dem anderen lässt mich entweder immer als den eigentlich Besseren erscheinen bis zur Überheblichkeit, oder er macht mich krank vor Eifersucht und Missgunst.

Es ist wichtig, den Blick neu zu schärfen, unsere Augen zu überprüfen für uns selbst und die Versuchung zu Selbstgerechtigkeit und Heuchelei. »Zieh zuerst den Balken aus deinem eigenen Auge«, dann magst du auf den anderen und seine blinden Flecken schauen. Jesus verlangt durchaus Verantwortung für den Mitmenschen, verlangt, ein Auge auf ihn zu haben. Wie Kain kann sich keiner herausreden: »Bin ich der Hüter meines Bruders?« (Gen 4,9). Aber der Blick auf den anderen, auch wenn er korrigierend oder konfrontierend ist, muss aus der Liebe kommen, aus der rechten Selbsteinschätzung und aus dem Bemühen, mit den Augen Gottes auf ihn zu schauen. In der so genannten Gemeindeordnung im Matthäusevangelium (Mt 18,15–18) wird ja sehr genau und behutsam beschrieben, wie Konflikte zu lösen sind: zuerst unter vier Augen, dann unter wenigen Zeugen und erst dann vor der Gemeinde.

So kann ich auch einen neuen Schritt zutun auf denjenigen, auf den ich ›schief blicke‹, dessen Verhalten mein Auge beleidigt oder dem ich nicht klar ins Gesicht sehen kann.

12 Fruchtbarer Glaube

Lk 6,43–46

43 Es gibt keinen guten Baum, der schlechte
Früchte hervorbringt, noch einen schlech-
ten Baum, der gute Früchte hervorbringt.
44 Jeden Baum erkennt man an seinen Früch-
ten: Von den Disteln pflückt man keine Fei-
gen und vom Dornstrauch erntet man keine
Trauben. 45 Ein guter Mensch bringt Gutes
hervor, weil in seinem Herzen Gutes ist; und
ein böser Mensch bringt Böses hervor, weil
in seinem Herzen Böses ist. Wovon das Herz
voll ist, davon spricht der Mund. 46 Was sagt
ihr zu mir: Herr! Herr!, und tut nicht, was ich
sage?

Vom schlechten Baum sind keine guten Früchte, von Disteln keine Feigen, von Dornen keine Trauben zu erwarten. Ein Mensch, dessen Inneres nicht »stimmt«, wird auf Dauer auch nach außen nicht »stimmig« wirken. Dabei ist die Sehnsucht nach Glaubwürdigkeit, nach Echtheit, nach Identität heute – besonders auch unter jungen Menschen – sehr ausgeprägt. Alles andere wird als Heuchelei, als Doppelmoral entlarvt. Jeder wünscht sich Persönlichkeiten, deren Aussagen und Handeln übereinstimmen und Ausdruck von innerer Überzeugung sind.

Doch Innen und Außen sind nie ganz deckungsgleich. Es bleibt in allem ein Bodensatz von Egoismus, Eigen-Sinn und Unlauterkeit, weil Menschen aus sich heraus zu einer vollkommenen Identität nicht fähig sind. Wohl aber in der engen Beziehung zu dem, der in sich Identität in Person ist: Jesus Christus. In ihm kommen Gott und Mensch so zur Übereinstimmung, dass er nichts anderes sagt und tut, als er ist: »der Weg, die Wahrheit und das Leben« (Joh 14,6), »die Tür zu den Schafen« (Joh 10,7), »das Licht der Welt« (Joh 8,12), »der gute Hirt« (Joh 10,11), »das Brot des Lebens« (Joh 6,35), »der wahre Weinstock« (Joh 15,1), »die Auferstehung und das Leben« (Joh 11,25). Diese »Ich-bin-Worte« des Johannesevangeliums bringen auf den Punkt, was alle Evangelien bezeugen: Jesus, der in seiner Person mit seinem Wort und seinem Tun identisch ist. In der Vertiefung unserer Beziehung zu ihm werden wir nicht uns selbst entfremdet oder fremdbestimmt, sondern kommen zu unserem wahren Selbst.

Heute, da das Christentum nicht mehr einfach Erbe, Gewohnheit, Milieu ist, hängt die Zukunft des Christlichen von Personen ab, die aus freier Entscheidung zu Überzeugungen gekommen sind und deshalb andere überzeugen können. Es sind Zeugen gesucht, nicht in erster Linie nur Lehrer und Aktivisten, so wichtig lehren und handeln für die Praxis und die

Strahlkraft des Christlichen sind. Wo nicht das Herz brennt, wo der Baum nicht in der Tiefe wurzelt, wo selbst die Dornen und Disteln unseres Lebens nicht durchfeuert sind vom Feuer des ganz Anderen, da brennt der Dornbusch der Gegenwart Gottes nicht, der brennt und doch nicht verbrennt (vgl. Ex 3,1–4). Da schießt der Baum ins Kraut mit allerlei Blattwerk, doch die Früchte sucht man vergeblich.

Wir sind persönlich und in der Kirche immer gefährdet, alles Mögliche hervorzubringen bis zur Erschöpfung, bis zum *burn out*, und bräuchten doch viel mehr ›burning persons‹, ›brennende Persönlichkeiten‹, die mit den Emmaus-Jüngern sagen: »Brannte uns nicht das Herz in der Brust, als er unterwegs mit uns redete?« (Lk 24,32).

Vielleicht ist es an der Zeit, stärker den Anstoß durch solche Menschen zu beachten, die heute als Erwachsene unbefangen und offen das Evangelium und die Kirche kennen und lieben lernen. Sie können uns herausfordern, einen neuen Blick für unseren Glauben und unsere Kirche zu gewinnen. Die steigende Zahl der Erwachsenentaufen ist auch eine heilsame Provokation, unsere eigenen Überzeugungen zu vertiefen, ihre Echtheit zu überprüfen und so eine neue Fruchtbarkeit des Glaubens zu entwickeln.

Eine Fruchtbarkeit, die nicht einfach als ›Erfolg‹ zählbar, berechenbar und abrechenbar ist, wohl aber als intensiv erfahren wird: »Gesegnet der Mensch, der sich auf den Herrn verlässt und dessen Hoffnung der Herr ist! Er ist wie ein Baum, der am Wasser gepflanzt ist und am Bach seine Wurzeln ausstreckt: Er hat nichts zu fürchten, wenn Hitze kommt; seine Blätter bleiben grün; auch in einem trockenen Jahr ist er ohne Sorge, unablässig bringt er seine Früchte« (Jer 17,7f.). Das bleibt ein gültiges Bild für den Menschen, der in Gott verwurzelt ist und nicht aus sich selbst, sondern aus Gott heraus Frucht bringt.

13 Nicht alleingelassen vor dem Tod

Lk 7,11–17

11 Einige Zeit später ging er in eine Stadt na-
mens Naïn; seine Jünger und eine große Men-
schenmenge folgten ihm. 12 Als er in die Nähe
des Stadttors kam, trug man gerade einen
Toten heraus. Es war der einzige Sohn seiner
Mutter, einer Witwe. Und viele Leute aus der
Stadt begleiteten sie. 13 Als der Herr die Frau
sah, hatte er Mitleid mit ihr und sagte zu ihr:
Weine nicht! 14 Dann ging er zu der Bahre hin
und fasste sie an. Die Träger blieben stehen
und er sagte: Ich befehle dir, junger Mann:
Steh auf! 15 Da richtete sich der Tote auf und
begann zu sprechen und Jesus gab ihn seiner
Mutter zurück. 16 Alle wurden von Furcht er-
griffen; sie priesen Gott und sagten: Ein großer
Prophet ist unter uns aufgetreten: Gott hat sich
seines Volkes angenommen. 17 Und die Kunde
davon verbreitete sich überall in Judäa und im
ganzen Gebiet ringsum.

Des Öfteren verbindet Lukas die heilende Zuwendung Jesu zu Männern (wie zu dem Hauptmann von Kafarnaum und dessen Knecht in Lk 7,1–10) mit der Aufrichtung einer Frau, hier durch die Wiedererweckung ihres einzigen Sohnes zum Leben. »Als der Herr die Frau sah, hatte er Mitleid mit ihr und sagte zu ihr: Weine nicht!« Der Antrieb seines Handelns ist sein Mitleid mit der Frau, anders als im Johannesevangelium, wo Jesus mit der Auferweckung des Lazarus ein besonderes (Vor-)Zeichen der Auferstehung setzt. »Er gab ihn seiner Mutter zurück.« Das ist das erste Ziel seines Eingreifens. – Alles wird ohne viele Schnörkel berichtet. Das Leid der Witwe bewegt Jesus zu einer spontanen, in seiner sonstigen ›Heilungs-Praxis‹ außergewöhnlichen Tat.

Gerade diese Spontaneität und diese Unmittelbarkeit des Mitleids lässt das Volk noch eingängiger spüren, dass hier etwas Neues, lange Ersehntes in ihren Alltag voller Leid und Tod einbricht: »Gott hat sich seines Volkes angenommen.« Gott lässt uns mit der Unausweichlichkeit des Todes und den Durchkreuzungen unseres Lebens (die Frau hat ja – nach ihrem Mann – den zweiten lieben Menschen verloren) nicht allein. Die Menschen erahnen etwas davon, wie die Geschichte ihres Volkes an eine entscheidende Wende gelangt ist. Entsprechend bekommt der im Gefängnis zweifelnde Johannes der Täufer auf die Frage: »Bist du der, der kommen soll, oder müssen wir auf einen anderen warten?« zur Antwort: »Berichtet Johannes, was ihr gesehen und gehört habt: Blinde sehen wieder,

Lahme gehen, Aussätzige werden rein; Taube hören, Tote stehen auf, und den Armen wird das Evangelium verkündet« (Lk 7,19.22). Die Zeichen sprechen für einen Gott, der sich in Christus der Menschen annimmt, so anstößig dieses mitleidvolle Erbarmen auch ist, das den Johannes nicht durch ein Wunder aus dem Kerker befreit. »Selig ist, wer an mir keinen Anstoß nimmt« (Lk 7,23).

Leid, Not, Tod, Kerker, Unrecht werden durch Gott nicht einfach abgeschafft. Sie bleiben und sind die schwersten Glaubenshindernisse für viele. Aber sie werden durch das Verhalten Jesu zur ständigen Herausforderung, sich der Wirklichkeit zu stellen, in der Leid und Tod täglich angenommen und bekämpft werden müssen. Jedoch in der Gewissheit, dass uns selbst darin ein Gott begegnet, der die Macht hat, diese Sinnlosigkeit noch in Leben zu wandeln, freilich in einer Weise, die für uns nicht durchschaubar ist. »Selig ist, wer an mir keinen Anstoß nimmt« – vielleicht einer der provokantesten Sätze des Evangeliums.

Jesus gibt der Witwe den Sohn zurück. Sie soll wissen, dass er Mitleid mit ihr hat. Der Sohn wird wieder sterben, er wird wahrscheinlich vorher den Tod der Mutter erleben. Aber über diesen Erfahrungen des Todes liegt die Verheißung neuen, anderen Lebens. So fordert diese Stelle heraus, das Sterben und den Tod mit in unser Leben einzubeziehen, privat und persönlich wie auch in der Gemeinde. Jesus berührt die Bahren der Menschen immer wieder und bringt die Träger zum Stillstand, etwa indem Menschen in Sterbebegleitung und Hospizarbeit die Sterbenden und Toten vor Jesus bringen, sie ihm anvertrauen, innehalten und Christus in ihrer Mitte haben. Damit bereiten sie das »Steh auf!« mit vor, das jedem im Tode zugesprochen wird: Steh auf zu neuem, anderem Leben. Ebenso das »Steh auf!« zu den Angehörigen und Trauernden: Lasst euch aufrichten in dieser schweren Stunde, weil ich den Weg des Todes mit durchschreite und für euch Leben will, ewiges Leben, Rückgabe in die Hände Gottes, aus denen wir alle kommen.

14 Die Weisheit Gottes

Lk 7,31–35

[31]Mit wem soll ich also die Menschen dieser
Generation vergleichen? Wem sind sie ähnlich?
[32]Sie sind wie Kinder, die auf dem Marktplatz
sitzen und einander zurufen: Wir haben für
euch auf der Flöte (Hochzeitslieder) gespielt
und ihr habt nicht getanzt; wir haben Klage-
lieder gesungen und ihr habt nicht geweint.
[33]Johannes der Täufer ist gekommen, er isst
kein Brot und trinkt keinen Wein und ihr sagt:
Er ist von einem Dämon besessen. [34]Der Men-
schensohn ist gekommen, er isst und trinkt; da-
rauf sagt ihr: Dieser Fresser und Säufer, dieser
Freund der Zöllner und Sünder! [35]Und doch
hat die Weisheit durch alle ihre Kinder Recht
bekommen.

Die Berichte über das Wirken Jesu lassen Johannes den Täufer die Frage an Jesus richten, wer er denn sei (Lk 7,18–23; vgl. vorangehenden Abschnitt). Jetzt äußert sich Jesus dazu, wer der Täufer Johannes ist, und versucht den Menschen klarzumachen, welch bedeutenden Augenblick ihre Generation erlebt: »Unter allen Menschen gibt es keinen größeren als Johannes; doch der Kleinste im Reich Gottes ist größer als er« (Lk 7,28). Doch genau diese Wende, die angebrochene ›Fülle der Zeit‹, wo

Heilserwartung in Erfüllung übergeht, erkennen sie nicht.

Stattdessen hängen sie an alten Bildern und Schablonen. Die ›Propheten‹, die prägenden Persönlichkeiten der Epoche, werden beurteilt und verurteilt nach eigensinnigen und selbstgerechten Kriterien. Man bastelt sich zurecht, wie Gott und die Welt zu sein haben. Kommt Gott zu nahe, ist er zu sehr ein Gott des Volkes, löst er Unbehagen aus. Bleibt er der immer Andere, fremd und unerwartet, ist er ebenfalls störend, weil er für die eigenen Interessen und Belange nicht ›brauchbar‹ zu machen ist. Für die Launen der Menschen kommt ein Mensch werdender Gott immer quer. So wird sein Prophet Johannes als eingefleischter Asket, als ›alternativer Aussteiger‹ diffamiert und für besessen erklärt, und seinen Gesalbten, Christus, den Mahlgenossen der Armen und Sünder, verhöhnen sie als »Fresser« und »Weinsäufer«.

Jesus vergleicht seine Generation mit launischen Kindern: Die einen wollen Hochzeit spielen und wünschen sich Tanz; die anderen wollen Begräbnis spielen und wünschen sich Klage. Wie die Boten Gottes auch kommen, nie können sie es recht machen.

Das Urteil Jesu trifft auch unsere von Vereinzelung und Vielstimmigkeit geprägte Generation, die vom Markt beherrscht wird: vom Überangebot und der Beliebigkeit vieler Sinnangebote. Sie ist hin und her gerissen von Meinungen, Sehnsüchten, Leidenschaften im Ringen um Freiheit, Echtheit, Frieden und Geborgenheit und dabei oft haltlos, orientierungslos, perspektivlos und heimatlos.

Auch in diese Zeit kommt Jesus in seiner Kirche, um die Nähe des Reiches Gottes erfahrbar zu machen. Und wieder geschieht es: Den einen ist die Kirche zu rückständig, veraltet, überholt und verkrustet, für die anderen geht sie viel zu weit auf die weltlichen Entwicklungen ein, passt sich ihnen zu sehr an, ist gar die ›Hure‹, die sich von weltlicher Macht verführen lässt.

Wer für Christus und für das Reich Gottes eintritt, muss immer mit Auseinandersetzungen rechnen. Dazu ist der Mensch gewordene Gott zu sehr Stein des Anstoßes und Zeichen des Widerspruchs.

Wir tun gut daran, uns gelegentlich mit unseren eigenen Erwartungen an Gott, an seinen Sohn, an seine Kirche zu befassen. Dabei werden wir uns immer auch der unberechenbaren und herausfordernden Art dieses Gottes stellen müssen. Zuweilen erfordert das auch ein Ringen mit ihm, mit sich selbst und mit anderen Menschen.

Wichtig bleibt, im Glauben den Marktplatz, die Öffentlichkeit nicht zu scheuen und dabei die Geister zu unterscheiden. Aus der Vielgestaltigkeit unserer Wirklichkeit zu fliehen, ist nicht der richtige Weg, sondern sie anzunehmen mit den Augen und Maßstäben eines Gottes, der sich ganz auf uns Menschen eingelassen hat und gleichzeitig der ganz Andere bleibt.

Tröstlich ist der letzte Satz: »Und doch empfing die Weisheit ihre Rechtfertigung durch alle ihre Kinder.« Letztlich setzt sich die Weisheit Gottes durch. Auch was für uns widersprüchlich, zerreißend und überfordernd zu sein scheint, ist ein Weg Gottes mit uns Menschen, der von Gott her einen tieferen Sinn, eine tiefere Ordnung hat.

15 »Siehst du diese Frau?«

Lk 7,36–50

[36]Jesus ging in das Haus eines Pharisäers, der
ihn zum Essen eingeladen hatte, und legte sich
zu Tisch. [37]Als nun eine Sünderin, die in der
Stadt lebte, erfuhr, dass er im Haus des Phari-
säers bei Tisch war, kam sie mit einem Ala-
bastergefäß voll wohlriechendem Öl [38]und trat
von hinten an ihn heran. Dabei weinte sie und
ihre Tränen fielen auf seine Füße. Sie trocknete
seine Füße mit ihrem Haar, küsste sie und
salbte sie mit dem Öl. [39]Als der Pharisäer, der
ihn eingeladen hatte, das sah, dachte er: Wenn
er wirklich ein Prophet wäre, müsste er wissen,
was das für eine Frau ist, von der er sich be-
rühren lässt; er wüsste, dass sie eine Sünderin
ist. [40]Da wandte sich Jesus an ihn und sagte:
Simon, ich möchte dir etwas sagen. Er erwi-
derte: Sprich, Meister! [41](Jesus sagte:) Ein
Geldverleiher hatte zwei Schuldner; der eine
war ihm fünfhundert Denare schuldig, der an-
dere fünfzig. [42]Als sie ihre Schulden nicht be-
zahlen konnten, erließ er sie beiden. Wer von
ihnen wird ihn nun mehr lieben? [43]Simon ant-
wortete: Ich nehme an, der, dem er mehr er-
lassen hat. Jesus sagte zu ihm: Du hast recht.
[44]Dann wandte er sich der Frau zu und sagte

zu Simon: Siehst du diese Frau? Als ich in dein Haus kam, hast du mir kein Wasser zum Waschen der Füße gegeben; sie aber hat ihre Tränen über meinen Füßen vergossen und sie mit ihrem Haar abgetrocknet. [45]*Du hast mir (zur Begrüßung) keinen Kuss gegeben; sie aber hat mir, seit ich hier bin, unaufhörlich die Füße geküsst.* [46]*Du hast mir nicht das Haar mit Öl gesalbt; sie aber hat mir mit ihrem wohlriechenden Öl die Füße gesalbt.* [47]*Deshalb sage ich dir: Ihr sind ihre vielen Sünden vergeben, weil sie (mir) so viel Liebe gezeigt hat. Wem aber nur wenig vergeben wird, der zeigt auch nur wenig Liebe.* [48]*Dann sagte er zu ihr: Deine Sünden sind dir vergeben.* [49]*Da dachten die anderen Gäste: Wer ist das, dass er sogar Sünden vergibt?* [50]*Er aber sagte zu der Frau: Dein Glaube hat dir geholfen. Geh in Frieden!*

Simon, der Korrekte, hat vieles getan, Jesus ein gutes Mahl und eine erlesene Gemeinschaft zu bereiten. In dieser Gesellschaft ist die stadtbekannte Sünderin ein absoluter Störfaktor. Erst recht mit ihrem anstößigen Handeln. Die Füße mit Tränen zu waschen und sie mit kostbarem Öl zu salben, ist ein Zeichen großer Intimität und persönlicher Beziehung.

Die Gedanken der Männer überschlagen sich angesichts solch aufreizender Tat und angesichts dieses Jesus, der doch Prophet sein will: Von so einer lässt er sich berühren! Die Antwort Jesu ist wie so oft eine Geschichte: Wem viel vergeben wird, der wird auch viel lieben. Aber Jesus durchbricht diesen Zusammenhang noch einmal, indem er zuerst sagt: Vergeben sind ihre Sünden, weil sie viel geliebt hat. Die Liebe der Sünderin ist zugleich Grund und Folge der Vergebung. Vergebung erzeugt Liebe, Liebe erzeugt Vergebung.

»Siehst du diese Frau?«, fragt Jesus den Simon, der sie nicht richtig sieht, weil seine gesetzliche Korrektheit den Blick versperrt. Jesus vergibt ihr nicht nur als Belohnung für die Liebe, die sie ihm hier erweist. Weil sie viel Vergebung erfahren hat, weil sie die Großzügigkeit und Weite dieses von Gott kommenden Menschen erkannt und erfahren hat, liebt sie und lässt sich durch die Blicke und Gedanken der Männer nicht mehr beirren. Deshalb sagt Jesus am Schluss auch nicht, »deine Liebe« hat dir geholfen, sondern »dein Glaube«. Das Vertrauen auf den vergebenden Gott hat ihre Liebe so groß gemacht, hat ihren Durst nach Liebe in den vielfältigen menschlichen Formen in eine tiefe Liebe zu Christus gewandelt, die ihr Frieden gibt in der Zerrissenheit ihres Lebens.

Siehst du diese Frau?, ist eine Frage an uns alle. Sehen wir unsere Mitmenschen in ihrer Sehnsucht, ihren Erfahrungen, ihrer Lebensgeschichte, ihren Zielen? Sehen wir sie nicht nur von ihrem Haben und Handeln her, sondern von ihrem Sein? Wir Christen in der Kirche täten gut daran, Menschen mehr durch Vergebung und Weite herauszufordern, als ihre Liebe einzufordern. Der Gläubiger im Gleichnis Jesu erlässt die Schuld aus freien Stücken. Diese Erfahrung bewirkt Liebe, ehe sie Gegenliebe erwartet.

Vielleicht lässt Lukas nicht von ungefähr auf diese Szene den Hinweis auf die Jüngerinnen Jesu folgen (Lk 8,1–3): An vielen Stellen seines Evangeliums zeigt er, dass Frauen die Liebe Christi offensichtlich ganzheitlicher und tiefer wahrnehmen und leben als Männer.

16 Der barmherzige Samariter

Lk 10,29–37

29 *Der Gesetzeslehrer ... sagte zu Jesus: Und wer*
ist mein Nächster? 30 *Darauf antwortete ihm*
Jesus: Ein Mann ging von Jerusalem nach Jeri-
cho hinab und wurde von Räubern überfallen.
Sie plünderten ihn aus und schlugen ihn nie-
der; dann gingen sie weg und ließen ihn halb
tot liegen. 31 *Zufällig kam ein Priester densel-*
ben Weg herab; er sah ihn und ging weiter.
32 *Auch ein Levit kam zu der Stelle; er sah ihn*
und ging weiter. 33 *Dann kam ein Mann aus Sa-*
marien, der auf der Reise war. Als er ihn sah,
hatte er Mitleid, 34 *ging zu ihm hin, goss Öl und*
Wein auf seine Wunden und verband sie. Dann
hob er ihn auf sein Reittier, brachte ihn zu einer
Herberge und sorgte für ihn. 35 *Am andern Mor-*
gen holte er zwei Denare hervor, gab sie dem
Wirt und sagte: Sorge für ihn, und wenn du
mehr für ihn brauchst, werde ich es dir bezah-
len, wenn ich wiederkomme. 36 *Was meinst du:*
Wer von diesen dreien hat sich als der Nächste
dessen erwiesen, der von den Räubern über-
fallen wurde? 37 *Der Gesetzeslehrer antwortete:*
Der, der barmherzig an ihm gehandelt hat. Da
sagte Jesus zu ihm: Dann geh und handle ge-
nauso!

Niedergeschlagene am Weg. Sie begegnen uns häufiger, als wir es wahrnehmen. Es gibt ja nicht nur die buchstäblich unter Räuber Gefallenen, sondern auch die unzähligen Ausgebeuteten, Niedergeschlagenen, von der Gesellschaft Überrannten und Liegengelassenen, die nicht mehr mitkommen oder beiseite gedrängt werden. ›Zufällig‹ begegnen sie uns, ›zufällig‹ auch dann, wenn uns mehr nach Gottesdienst ist oder die alltägliche Pflicht ruft: Ausgerechnet jetzt muss jemand dazwischenkommen, der mich noch dringender braucht, der nun wirklich stört, dem ich wohl helfen will, aber nicht gerade jetzt und hier.

Doch der Anspruch des Augenblicks ist unerbittlich. Der Samariter nimmt ihn wahr. Er hat selbst Ausgrenzung und Ablehnung durch Menschen erfahren, die davon überzeugt waren, Gott besser zu kennen als einer wie er. »Die Juden verkehren nämlich nicht mit den Samaritern« (Joh 4,9). Er wird von Mitleid bewegt, heißt es. Nicht von einem Mitleid, das den Liegengebliebenen unten lässt, sondern das ihn aufrichtet im wahrsten Sinn des Wortes. Der Samariter leistet Erste Hilfe mit Öl und Wein, ganz konkrete Schritte, die ihm in diesem Moment möglich sind. Er verbindet den Verwundeten und stellt dadurch eine enge Verbindung her, hebt ihn auf sein Lasttier, bringt ihn in einer Herberge unter und »sorgt für ihn«, vermittelt ihm also weitere Hilfe. – Ein klassisches Programm von unmittelbarer freiwilliger Hilfe in Verbindung mit weiterführender Hilfe von größerer Kompetenz und Profession. Beides ist aufeinander angewiesen.

Und dann dreht Jesus die gängige Frage »Wer ist mein Nächster?« um: »Wer von diesen dreien hat sich als der Nächste dessen erwiesen, der von den Räubern überfallen wurde?« Die übliche Fragestellung teilt Menschen von sich aus ein in Nähere und Fernere. Die neue Fragestellung geht ganz vom Hilfebedürftigen aus und fordert die unmittelbare Nähe des Nächsten heraus.

Dieses Urbild der diakonischen Zuwendung in der Unmittelbarkeit des Anspruchs und des Handelns aus einer tief eingewurzelten Beziehung zum Menschen und zu Gott ist ein Urbild für das ›Inter-esse‹ am Menschen, besonders an den Armen, das das Lukasevangelium durchzieht. Die Enzyklika Papst *Benedikts XVI.* »Deus caritas est« ist eine einzige Auslegung dieses Gleichnisses, die die Gottes- und Nächstenliebe so in eins bringt: »Wenn die Berührung mit Gott in meinem Leben ganz fehlt, dann kann ich im anderen immer nur den anderen sehen und kann das göttliche Bild in ihm nicht erkennen. Wenn ich aber die Zuwendung zum Nächsten aus meinem Leben ganz weglasse und nur ›fromm‹ sein möchte, nur meine ›religiösen Pflichten‹ tun, dann verdorrt auch die Gottesbeziehung. Dann ist sie nur noch ›korrekt‹, aber ohne Liebe. Nur meine Bereitschaft, auf den Nächsten zuzugehen, ihm Liebe zu erweisen, macht mich auch fühlsam Gott gegenüber. Nur der Dienst am Nächsten öffnet mir die Augen dafür, was Gott für mich tut und wie er mich liebt« (DC 18).

Im Lukasevangelium folgt auf das Gleichnis nicht von ungefähr die Begegnung Jesu mit Maria und Marta (Lk 10,38–42), das noch einmal die andere Seite verdeutlicht: Auch die Inanspruchnahme durch die Zuwendung zum Menschen (Martas actio) braucht das Gegengewicht: nämlich dem Herrn aufmerksam zu Füßen zu sitzen und seinem Wort zu lauschen (Marias *contemplatio*). Immer neu geht es um diese Balance: die Gottesleidenschaft und die Mitleidenschaft mit den Menschen in eins zu leben und die Gabe der Unterscheidung so zu vertiefen, dass wir im rechten Moment den Anspruch des Augenblicks richtig wahrnehmen und uns um Gottes willen als der Nächste dessen erweisen, der uns braucht.

17 Marta und Maria

Lk 10,38–42

38Sie zogen zusammen weiter und er kam in
ein Dorf. Eine Frau namens Marta nahm ihn
freundlich auf. 39Sie hatte eine Schwester, die
Maria hieß. Maria setzte sich dem Herrn zu
Füßen und hörte seinen Worten zu. 40Marta
aber war ganz davon in Anspruch genommen,
für ihn zu sorgen. Sie kam zu ihm und sagte:
Herr, kümmert es dich nicht, dass meine
Schwester die ganze Arbeit mir allein über-
lässt? Sag ihr doch, sie soll mir helfen! 41Der
Herr antwortete: Marta, Marta, du machst dir
viele Sorgen und Mühen. 42Aber nur eines ist
notwendig. Maria hat das Bessere gewählt,
das soll ihr nicht genommen werden.

Zwischen das Gleichnis vom barmherzigen Samariter (Lk 10,30ff.) und das Vaterunser (Lk 11,1ff.) setzt Lukas die Begegnung mit Marta und Maria. Zwischen das Beispiel tätiger Nächstenliebe und die Lehre vom Gebet stellt er diese beiden Frauen, die erst in ihrem Miteinander die Lebensweise der Christen von *actio* und *contemplatio* darstellen, von Beanspruchung im Alltag und dem Lauschen auf das Wort Jesu zu Füßen des Herrn.

Allzu schnell liest man aus dem Text einen Vorzug der Maria mit ihrem faszinierten Hinhören auf die Worte Jesu heraus gegenüber Marta und der Alltagsarbeit, die nun einmal getan werden muss. Doch Jesus tut nicht die Alltagsarbeit ab; dazu ist er viel zu realistisch und konkret in seiner Zuwendung zum Menschen. Er warnt. Wenn Unruhen und Sorgen uns zu sehr in Anspruch nehmen, werden wir letztlich weder der Arbeit noch dem Innehalten und Hören gerecht. Beides gehört zusammen, bei jedem Christen. So ist es auch in der Kirche, in der sich verschiedene Gnadengaben und Talente ergänzen.

Andreas Knapp hat das in einem geistlichen Text sehr eindrücklich dargestellt:

alles braucht sein Gleichgewicht
weit sich aus dem Fenster lehnen
kann nur der den jemand an den Füßen hält

am sensibelsten jedoch
ist das ökologische
Gleichgewicht der Gnade

wer nach Kosten/Nutzen rechnet
für den sind stille Klöster überflüssig
im Verborgenen jedoch sind sie es
die die Welt in der Balance halten
denn alles Laute braucht das Leise
um nicht sinnlos zu verlärmen
selbst die großen Worte auf den Kanzeln
sie bedürfen jener deren Schweigen sich
für sie verbürgt

die Tagaktiven laufen deshalb nicht ins Leere
weil des Nachts sich Mönche zum Gebet
erheben
und sich Eremitinnen
in die große Stille wagen
alles äußerliche Treiben in der Kirche
wäre nichtig und vergebens
gäb es nicht die Betenden
die die Innenseite leben

denn uns allen
die der Erde ganz verhaftet sind
halten sie den Himmel frei

aus: Brennender als Feuer. Geistliche Gedichte von Andreas Knapp. © Echter Verlag Würzburg 2004, S. 54.

Gerade heute, da viele Christen sich darin verrennen, immer etwas tun zu müssen, damit der Glaube gerettet werde, und sich der gute Christ fast nur noch durch sein Handeln definiert, ist es notwendig, die Dimension des Seins, des einfachen Da-Seins vor Gott und für die Menschen, wieder tiefer wahrzunehmen. Umgekehrt gibt es eine neue Flucht in Innerlichkeit und eine Sucht nach vom Handeln losgelöster Spiritualität oder auch eine inhaltsleere Weise der Betrachtung, die keinen personalen Gott und schon gar keinen Mensch gewordenen Gott zulässt. So oder so bildet das *ora et labora* (»bete und arbeite«)

keine innere Einheit mehr, und dem notwendigen *ora in labore* (»bete in der Arbeit«) bleibt kein Raum.

Die Begegnung Jesu mit Marta und Maria geschieht auf dem Wege nach Jerusalem: Sie ist Einkehr bei einer Wanderung, Innehalten auf einem Weg. Auf diesem Weg darf der Niedergeschlagene genauso wenig übersehen werden (auch nicht wegen des Gottesdienstes, wie das Gleichnis vom barmherzigen Samariter zeigt), wie das eindringliche Gebet (Vaterunser) vergessen werden darf. Aufbruch und Innehalten gehören zum Weg, füreinander sorgen und helfen ebenso wie das ruhige Sitzen und Hinhören.

»Eines ist notwendig. Maria hat das Bessere gewählt, das soll ihr nicht genommen werden.« Jesus misst dem Hören auf das Wort und der Betrachtung tatsächlich eine sehr hohe Bedeutung bei. »Euch jedoch muss es um (Gottes) Reich gehen; dann wird euch das andere (alles irdisch Nötige) dazugegeben« (Lk 12,31). – Die Versuchung, sich von etwas anderem als Gott zu sehr beanspruchen zu lassen, ist so groß, dass diese Aufmerksamkeit für das Gottsein Gottes besonders geschärft werden muss. Die Sogkraft des Alltags und die Faszination der Angebote auf dem Markt der Möglichkeiten ist so stark, dass das eine wirklich Notwendige, der gute, unzerstörbare Teil des Lebens, eigens hervorgehoben werden muss. Die Urversuchung des Menschen, alles selbst in die Hand nehmen zu wollen (»Ihr werdet wie Gott«; Gen 3,5), erfordert das starke Gegengewicht, wirklich der Gnade Gottes zu trauen, der ich im Hören und Betrachten seiner Worte am tiefsten innewerde.

18 Von der Macht des Gebets

Lk 11,9–13

[9]Darum sage ich euch: Bittet, dann wird euch
gegeben; sucht, dann werdet ihr finden; klopft
an, dann wird euch geöffnet. [10]Denn wer bit-
tet, der empfängt; wer sucht, der findet; und
wer anklopft, dem wird geöffnet. [11]Oder ist
unter euch ein Vater, der seinem Sohn eine
Schlange gibt, wenn er um einen Fisch bittet,
[12]oder einen Skorpion, wenn er um ein Ei bit-
tet? [13]Wenn nun schon ihr, die ihr böse seid,
euren Kindern gebt, was gut ist, wie viel mehr
wird der Vater im Himmel den Heiligen Geist
denen geben, die ihn bitten.

»Herr, lehre uns beten«, darum bitten die Jünger Jesus, und er schenkt ihnen mit dem knappen, intensiven Vaterunser so dichte Gebetsworte, dass sie – ausgelegt durch die Jahrhunderte – eine Gebets- und Lebensschule geworden sind (Lk 11,1–4). Danach spricht Jesus in Gleichnisworten über die Zudringlichkeit des Betenden: Er weist auf den Freund, der nicht abgewiesen wird, auch wenn er ungelegen kommt (Lk 11,5–8). Ähnlich verhält es sich mit der hartnäckigen Witwe, die den ungerechten Richter nicht loslässt, bis er ihr Recht verschafft (vgl. Lk 18,1–8).

In Lk 11,9–13 vertieft Lukas das Bild der Zudringlichkeit und führt es weiter zur Grundhaltung des Betens. Mit selbstverständlichem Vertrauen sollen wir nicht müde werden, uns an Gott zu wenden, zu bitten, zu suchen, anzuklopfen. Uns Gott behutsam und demütig, aber intensiv zu nähern, ist die beste Voraussetzung für die Erhörung des Gebets. Wenn schon in menschlicher Ordnung der Vater dem Sohn die Bitten nicht abschlägt und ihm schon gar nicht Falsches oder Gefährliches gibt, dann ist es erst recht bei Gott so. »Wenn schon ihr … euen Kindern gebt, was gut ist, wie viel mehr wird der Vater im Himmel den Heiligen Geist denen geben, die ihn bitten.«

Die Inhalte unseres Suchens und Bittens werden nicht genannt. Aber die entscheidende und in gewissem Sinn alles erfüllende Antwort ist die Gabe des Heiligen Geistes. Gott gibt nicht *etwas* von sich, er gibt sich selbst und schenkt uns damit *alles*. Gott »hat seinen eigenen Sohn nicht verschont, sondern ihn für uns alle hingegeben – wie sollte er uns mit ihm nicht alles schenken?« (Röm 8,32). Die Gabe seines Geistes enthält alles, was wir für unser Leben brauchen. Ja, der Geist selber ist es, der in uns »mit unaussprechlichem Seufzen« betet, der »für uns eintritt«, wenn wir

»nicht wissen, worum wir in rechter Weise beten sollen« (vgl. Röm 8,26).

Deshalb ist die entscheidende Bitte vor Gott das Gebet um die Gabe des Geistes. Im Licht dieses Geistes lässt sich manches Undurchschaubare und Sinnlose anders sehen, ergeben sich Ermutigungen für die nächsten Schritte, auch wenn noch kein Ziel zu erkennen ist. Die Gabe des Geistes enthält ein Siebenfaches, mit dem wir unsere Wirklichkeit am besten bestehen: Weisheit, Einsicht, Rat, Erkenntnis, Stärke, Frömmigkeit und Gottesfurcht.

Gott ist kein Automat, der unsere Wunschzettel erfüllt, der sich vom Willen der Menschen abhängig macht. Vielmehr werden der Wille des Menschen und der göttliche Wille in besonderer Weise eins im vertrauensvollen Gebet. Nicht nur wir sind Anklopfende, sondern Gott selbst tritt vor unsere Tür durch seinen Sohn: »Ich stehe vor der Tür und klopfe an. Wer meine Stimme hört und die Tür öffnet, bei dem werde ich eintreten und wir werden Mahl halten, ich mit ihm und er mit mir« (Offb 3,20). Gottes Liebe geht so weit, dass sie sich nicht nur bitten lässt, sondern dass er selbst auf der Suche nach dem Menschen bleibt und unseren Hunger und Durst, unsere Sehnsucht schon kennt, ehe wir ihn bitten.

19 Von der Stärke Christi

Lk 11,21–23

21 Solange ein bewaffneter starker Mann seinen
Hof bewacht, ist sein Besitz sicher; 22 wenn ihn
aber ein Stärkerer angreift und besiegt, dann
nimmt ihm der Stärkere all seine Waffen weg,
auf die er sich verlassen hat, und verteilt die
Beute. 23 Wer nicht für mich ist, der ist gegen
mich; wer nicht mit mir sammelt, der zerstreut.

Menschen haben ein starkes Sicherheitsbedürfnis. Alles muss abgesichert und versichert werden. Die Sorge um die eigene Existenz verschlingt Unmengen an Energien. Dabei geht es nicht nur um den reinen Besitz, sondern der eigene »Hof« umfasst vieles: Rechte, Meinungen, Grundsätze, Urteile und Vorurteile, Glaubenssätze und -bilder. Solche Art von ›Selbstverwirklichung‹ kann schnell zu Verschlossenheit, Verhärtung, ja zu Sucht und Besessenheit führen.

Die Hofbewachung ist nur zu durchbrechen durch einen Stärkeren. Nicht durch einen nur gleich Starken und schon gar nicht durch einen in gleicher Weise Besessenen. Deshalb folgt Jesu Wort gezielt auf die Auseinandersetzung über den Vorwurf: »Mit Hilfe von Beelzebul, dem Anführer der Dämonen, treibt er die Dämonen aus« (Lk 11,15). Jesus ist der Stärkere, der mit dem Finger Gottes, das heißt in der Kraft des größeren Gottes, in der Kraft des Heiligen Geistes, die Besetztheiten und die Besessenheiten, die In-sich-Verkrümmtheit des Menschen aufbrechen kann.

Mit Jesus als dem Stärkeren klingen uralte Verheißungen aus dem Jesajabuch auf: »Kann man einem Starken die Beute entreißen? ... Ich selbst will mit deinem Gegner streiten, ich selbst werde deine Söhne befreien« (Jes 49,24f.), oder: »Deshalb gebe ich ihm seinen Anteil unter den Großen und mit den Mächtigen teilt er die Beute, weil er sein Leben dem Tod preisgab und sich unter die Verbrecher rechnen ließ. Denn er trug die Sünden von vielen und trat für die Schuldigen ein« (Jes 53,12).

Hier freilich leuchtet eine wichtige Eigenart des Stärkeren auf, der die Dämonen entwaffnet und die Menschen von der Gefangenschaft der Sünde befreit: Er tut es nicht als der Gewalttätige, sondern als der in der Schwäche Stärkere, der eine Schwäche für die Schwachen hat. Der gerade dadurch stärker ist, dass er sich mit den Geschwächten solidarisiert und stellvertretend ihre Schuld, alles, was sie gefangen hält, auf sich nimmt. Von diesem Stärkeren sprechen auch Johannes der Täufer (vgl. Mk 1,7) und später der erste

Johannesbrief: »Er, der in euch ist, ist größer als jener, der in der Welt ist« (1 Joh 4,4) und der Kolosserbrief: »Die Fürsten und Gewalten hat er entwaffnet …« (Kol 2,15) – dieser Stärkere steht nicht als Löwe oder Drache, sondern als das geschlachtete, aber siegreiche »Lamm« im Schlussbild der Bibel (Offb 21f).

Wer nur das Seine bewahren will, wird entwaffnet werden. Denn nicht der eigene Besitz, der eigene ängstlich bewachte »Hof«, zählt vor Gott, sondern wie jemand zu diesem Stärkeren steht. Dieser Größere macht nicht andere klein, sondern steht ihnen mit seiner Stärke bei und erhebt sie so über ihre eigene Schwäche.

Deshalb der Satz Jesu: »Wer nicht mit mir ist, der ist gegen mich, und wer nicht mit mir sammelt, der zerstreut.« Er fordert zur Entscheidung heraus. Es geht darum, die eigenen ‚Waffen' vor ihm fallen zu lassen, oder besser: sie in seinen Dienst zu stellen. Vor dem größeren Gott gibt es keine Neutralität. Wir können nicht leben, als wenn es ihn nicht gäbe oder als wenn es ihn nur gäbe, wenn es uns passt. Deshalb dieses eindeutige, scharfe Wort Jesu, auf seine Person bezogen, ein Wort, das nur einer aus göttlicher Vollmacht heraus sagen kann, – oder es ist krankhafte Überheblichkeit, die die anderen in Abhängigkeit von sich selbst sehen will.

Deshalb kann auch der andere Satz gelten: »Wer nicht gegen uns ist, der ist für uns« (Mk

9,40). Hier spricht Jesus von ›uns‹, von seiner Gemeinschaft mit durchaus fehlerhaften, schwankenden Menschen. Diese Gemeinschaft ist weiter und sammelnder, als engstirnige Jünger es wahrhaben wollen. Es gibt eben Menschen, die ihre Beziehung mit Christus auf eine Weise leben, die nicht deckungsgleich ist mit der Gemeinschaft der Kirche. Es gibt viele, die drinnen sind, aber in Wirklichkeit draußen, und viele, die draußen sind, aber in Wirklichkeit drinnen. Entschiedenheit und Weite gehören zusammen, Tiefe einer echten Entscheidung und Offenheit für das unberechenbare Wirken des Geistes Gottes. Ausschlaggebend ist, die Kraft des Stärkeren anzuerkennen und wirken zu lassen – auf ihre vielfältige Weise.

20 Unser Herz: besessen oder bewohnt?

Lk 11,24–26

[24]Ein unreiner Geist, der einen Menschen verlassen hat, wandert durch die Wüste und sucht einen Ort, wo er bleiben kann. Wenn er keinen findet, sagt er: Ich will in mein Haus zurückkehren, das ich verlassen habe. [25]Und wenn er es bei seiner Rückkehr sauber und geschmückt antrifft, [26]dann geht er und holt sieben andere Geister, die noch schlimmer sind als er selbst. Sie ziehen dort ein und lassen sich nieder. So wird es mit diesem Menschen am Ende schlimmer werden als vorher.

Das Wort von der Rückkehr der unreinen Geister ist für alle eine besondere Herausforderung, die meinen, ›reinen Tisch‹ in ihrer Seele gemacht zu haben durch spirituelle Übungen, durch ein moralisches Leben und den Empfang der Sakramente. Lukas scheut sich nicht, in aller Nüchternheit die Gefährdungen derer zu benennen, die von der Reinheit ihres Herzens überzeugt sind und sich allzu sicher wähnen, weil doch alles in Ordnung sei.

Eine große Wachsamkeit und Achtsamkeit bleibt nötig! Denn gerade für das, was einer am meisten aus sich vertreiben will an Besetztheiten, Gewohnheiten, Besessenheiten und Süchten – vielleicht auch zu sehr aus eigener Kraft, mit eigenen Mitteln –, bleibt er besonders anfällig. Unsere Versuchungen sind in aller Regel nicht ein für alle Mal besiegt. Sie bleiben uns als ständige Herausforderung, ja oft als ein »Stachel im Fleisch« (2 Kor 12,7). Jesus spricht an anderer Stelle zu einem, den er von einer Lähmung geheilt hat: »Jetzt bist du gesund; sündige nicht mehr, damit dir nicht noch Schlimmeres zustößt« (Joh 5,14). Bewahre dir also die Wachsamkeit und Achtsamkeit, denn die Schwachstellen bleiben und sind auch auf Dauer am wenigsten immunisiert.

Der Hebräerbrief findet dafür sehr deutliche Worte: »Denn es ist unmöglich, Menschen, die einmal erleuchtet worden sind, die von der himmlischen Gabe genossen und Anteil am Heiligen Geist empfangen haben, die das gute Wort Gottes und die Kräfte der zukünftigen Welt kennen gelernt haben, dann aber abgefallen sind, erneut zur Umkehr zu bringen« (Hebr 6,4–6).

Ein Haus zu »säubern und zu schmücken« reicht nicht, wenn seine Räume nicht bewohnt sind in der Verbundenheit mit dem Stärkeren, wenn nur die äußeren Voraussetzungen durch eigene Übungen geschaffen sind, aber die innere Beziehung zu Christus nicht gepflegt wird. »Säubern und schmücken« ist noch keine Garantie, dass Christus in mir lebt (vgl. Gal 2,20), dass ich wirklich Tempel des Heiligen Geistes bin (vgl. 1 Kor 6,19). Vielmehr gilt das Wort Jesu bei Johannes: »Wenn jemand mich liebt, wird er an meinem Wort festhalten; mein Vater wird ihn lieben und wir werden zu ihm kommen und bei ihm wohnen« (Joh 14,23).

In solch lebendiger Liebe verlieren die Versuchungen, die Versucher immer mehr ihre Chancen zur Rückkehr, denn ihre Abweisung geschieht nicht nur durch ›fromme Maßnahmen‹, sondern durch die immer neue Vertiefung der Liebe und Freundschaft zu Gott. Dann mögen weitere Anfechtungen kommen; sie erreichen nicht mehr den Kern, weil dieser nicht leer ist, sondern erfüllt von der Liebe und Kraft Gottes selbst, vom Heiligen Geist.

21 Ideologiekritik: Wachstum – wohin?

Lk 12,16–21

[16]Und er erzählte ihnen folgendes Beispiel: Auf
den Feldern eines reichen Mannes stand eine
gute Ernte. [17]Da überlegte er hin und her: Was
soll ich tun? Ich weiß nicht, wo ich meine Ernte
unterbringen soll. [18]Schließlich sagte er: So
will ich es machen: Ich werde meine Scheunen
abreißen und größere bauen; dort werde ich
mein ganzes Getreide und meine Vorräte un-
terbringen. [19]Dann kann ich zu mir selber
sagen: Nun hast du einen großen Vorrat, der
für viele Jahre reicht. Ruh dich aus, iss und
trink und freu dich des Lebens! [20]Da sprach
Gott zu ihm: Du Narr! Noch in dieser Nacht
wird man dein Leben von dir zurückfordern.
Wem wird dann all das gehören, was du ange-
häuft hast? [21]So geht es jedem, der nur für sich
selbst Schätze sammelt, aber vor Gott nicht
reich ist.

Immer »größere Scheunen zu bauen«, ist das alltägliche Streben vieler Unternehmer heute. Wachstum ist das alles entscheidende Prinzip der kapitalistischen Wirtschaftsgesellschaft: immer größer, immer schneller, immer mehr. Die Wirtschaftsräume sind nicht mehr lokal beschränkt, sondern haben globale Ausmaße. Dass die Schere zwischen Arm und Reich dabei immer weiter auseinander geht, weil das Auskommen der Kleinen nicht in angemessenem Maß mit dem Reichtum der Großen mitwächst und andererseits immer mehr Menschen durch die Maschen des Sozialnetzes fallen, bleibt zu oft unberücksichtigt. Größere Scheunen für größeren Besitz, ohne Rücksicht auf die, die durch die Wachstumssysteme nicht mehr mitgenommen werden.

Das gilt nicht allein für die Volks- und Weltwirtschaft, sondern auch für die persönliche ›Wirtschaft‹ des eigenen Lebens. ›Gute Erträge‹ werden nicht dankbar entgegengenommen, um vielen damit Hilfe zu sein, sondern sind Anlass für neues Haben- und Kaufen-Müssen, immer neue Konsumanreize, die dann wieder eine Menge Energie fordern, um aus dem vielen noch mehr zu machen. Größer bauen und für sich unterbringen, horten, sammeln, raffen, festhalten und sichern, das kostet eine Menge an innerer und äußerer Anstrengung.

Jesus wird nicht müde, davor zu warnen, sich vom Besitz zu sehr besetzen zu lassen, damit die Habe am Ende nicht unserer habhaft wird und wir mehr gelebt werden, als selbst in Freiheit zu leben. Die vermeintliche Freiheit des Habens kann schnell zur Unfreiheit eines ständig um den Besitz besorgten Lebens werden.

»Nun hast du einen großen Vorrat, der für viele Jahre reicht. Ruh dich aus, iss und trink und freu dich des Lebens!« Diese Lebensmaxime ist weit verbreitet. Allerdings wächst auch inzwischen die Nachdenklichkeit, ob die reine Wachstums- und Fortschrittsphilosophie wirklich den Menschen am Ende zur Ruhe kommen lässt und sich für Frieden und Sicherheit positiv auswirkt durch Zufriedenheit und Gelassenheit.

»Du Narr! Noch in dieser Nacht wird man dein Leben von dir zurückfordern!« Du Tor, bedenke, wie anfällig und hinfällig das Leben ist durch Krankheit und Gefahr, aber auch durch die zerstörerische Kraft eines ichbezogenen und unsolidarischen Lebens.

Die Kritik Jesu im Lukasevangelium am Gesetz des Haben-Müssens und Haben-Wollens ist eine heilsame Medizin für unsere Zeit. ›Wem wird all das gehören, was du gesammelt hast?‹ Wenn künftige Generationen davon leben könnten, hätte es ja vielleicht noch Sinn. Stattdessen werden den Nachkommenden immer größere Schuldenberge aufgelastet. Es ist an der Zeit, Schätze zu sammeln, die nicht trügerisch reich machen: Bereitschaft zum Teilen, Solidarität, Vertiefung und Verwurzelung unseres Lebens, rechtes Maß und kluger, besonnener Umgang mit den Gaben und Gütern, die uns geschenkt sind!

22 Du hast eine Chance!

Lk 13,6–9

*6 Und er erzählte ihnen dieses Gleichnis: Ein
Mann hatte in seinem Weinberg einen Feigen-
baum; und als er kam und nachsah, ob er
Früchte trug, fand er keine. 7 Da sagte er zu sei-
nem Weingärtner: Jetzt komme ich schon drei
Jahre und sehe nach, ob dieser Feigenbaum
Früchte trägt, und finde nichts. Hau ihn um!
Was soll er weiter dem Boden seine Kraft neh-
men? 8 Der Weingärtner erwiderte: Herr, lass
ihn dieses Jahr noch stehen; ich will den Boden
um ihn herum aufgraben und düngen. 9 Viel-
leicht trägt er doch noch Früchte; wenn nicht,
dann lass ihn umhauen.*

Dieses Gleichnis ist bezeichnend für das Lukasevangelium. Wird der Feigenbaum, der keine Frucht trägt, im Matthäus- und Markusevangeliums verflucht, so wird das Bild hier zu einem Ausweis für die Geduld und die Hingabe dessen, der als Gärtner noch einmal für ›seinen Feigenbaum‹ im Weinberg eintritt. Dabei ist der Unmut des Besitzers verständlich: drei Jahre, und immer noch kein Ertrag. Nur Blätter. »Hau ihn um!«, ruft er ganz auf der Linie von Markus und Matthäus.

Doch hier gibt es den Weingärtner: »Herr, lass ihn … noch stehen!«

Was sich in der Linie prophetischer Kritik auf die Unfruchtbarkeit im ›Weinberg Gottes‹ (Israel) bezieht (Jes 5,1–7), können wir auch auf dem Hintergrund unseres Lebens, unserer Gemeinden und unserer Kirche lesen. Die »Blätter«, die Aktionen, die Reden, die Äußerlichkeiten schießen ins Kraut, doch von wirklichen »Früchten«, die substanziell und nahrhaft sind, oft keine Spur! Viele Male schon hatte Gott Anlass zu sagen: Hau sie um! Es bringt nichts mehr mit meinen Menschen, mit den Bäumen in meinem Garten. – Und wie schnell sind wir versucht, ein solches Urteil zu fällen über alles, was uns unfruchtbar erscheint.

»Herr, lass ihn dieses Jahr noch …« Gib ihm noch eine Chance. Vielleicht steckt noch etwas in ihm, was bisher unentdeckt blieb, was nicht ausreichend gefördert wurde oder sich nicht entfalten konnte. – Wie der Weingärtner (Jesus ?!) sich noch einmal vor dem Besitzer (Gott ?!) für den fruchtlosen Feigenbaum einsetzt, so sollen wir füreinander eintreten – auch vor Gott –, Geduld miteinander haben, einander Chancen einräumen und Zeit geben. Wir sollen füreinander den Boden des Glaubens auflockern, immer wieder und ohne ein endgültiges Urteil zu fällen über das, was daraus wächst. Das kommt nur dem

Weingärtner zu. Dem freilich ist die Frucht nicht gleichgültig, sondern er ist langmütig gerade mit dem Ziel, eine wirkliche Entscheidung herauszufordern. Jesus spricht in den vorangehenden Versen allzu deutlich von der Umkehr, die unbedingt notwendig ist und spätestens jetzt ihren Anfang nehmen muss. Das Gleichnis verharmlost nicht den Ernst der Umkehrbereitschaft, aber es gewährt eine begrenzte Frist.

»... bis ich um ihn herum aufgegraben und Dung gestreut habe. Vielleicht wird er in Zukunft Frucht bringen.« Darum geht es: Jesus ist bereit, durch seinen persönlichen Einsatz neue Möglichkeiten zu eröffnen, Verhärtungen zu lockern und stärkende Kräfte anzubieten, um das endgültige Aus für den Baum und damit für uns abzuwenden – wenn wir denn bereit sind, seinen Einsatz anzunehmen.

Unsere geprägten Vorbereitungszeiten im Kirchenjahr (Advent, Fastenzeit), aber auch alle anderen Zeiten des Innehaltens – die Sakramente der Eucharistie und der Vergebung oder auch der abendliche Rückblick auf den Tag – sind solche Angebote, in denen Jesus uns »grabend und düngend« entgegenkommt für eine bessere Zukunft auf unserem persönlichen Lebensweg als Christ und zur Erneuerung der Kirche.

»Herr, lass ihn ... noch ...« ist auch unser Gebet füreinander und Ausdruck unserer Bereitschaft, an der Seite Jesu »aufzugraben und zu düngen« für andere, damit sie aufblühen und ihrer Bestimmung, ihrer Aufgabe gerecht werden können.

Das Gleichnis lässt die Reaktion des Weinbergbesitzers offen. Doch es wäre keine Botschaft von Gott im Lukasevangelium, wenn er diese Chance nicht gegeben würde. Das hatte Jesus doch gleich zu Anfang seines öffentlichen Auftretens betont: »Er hat mich gesandt, damit ich … ein Gnadenjahr des Herrn ausrufe« (Lk 4,19).

23 Aufrichtung und Befreiung

Lk 13,10–17

10 Am Sabbat lehrte Jesus in einer Synagoge.
11 Dort saß eine Frau, die seit achtzehn Jahren
krank war, weil sie von einem Dämon geplagt
wurde; ihr Rücken war verkrümmt und sie
konnte nicht mehr aufrecht gehen. 12 Als Jesus
sie sah, rief er sie zu sich und sagte: Frau, du
bist von deinem Leiden erlöst. 13 Und er legte
ihr die Hände auf. Im gleichen Augenblick
richtete sie sich auf und pries Gott. 14 Der Sy-
nagogenvorsteher aber war empört darüber,
dass Jesus am Sabbat heilte, und sagte zu den
Leuten: Sechs Tage sind zum Arbeiten da.
Kommt also an diesen Tagen und lasst euch
heilen, nicht am Sabbat! 15 Der Herr erwiderte
ihm: Ihr Heuchler! Bindet nicht jeder von
euch am Sabbat seinen Ochsen oder Esel von
der Krippe los und führt ihn zur Tränke?
16 Diese Tochter Abrahams aber, die der Satan
schon seit achtzehn Jahren gefesselt hielt,
sollte am Sabbat nicht davon befreit werden
dürfen? 17 Durch diese Worte wurden alle
seine Gegner beschämt; das ganze Volk aber
freute sich über all die großen Taten, die er
vollbrachte.

»Ihr Rücken war verkrümmt und sie konnte nicht mehr aufrecht gehen«, und das schon achtzehn Jahre lang. Wer kann ermessen, was es bedeutet, immer eine solche Perspektive einnehmen zu müssen: gebeugt, niedergedrückt, verbogen, gekrümmt – oft genug nicht aus körperlichem Verschleiß, sondern von der Last des Lebens, von Enttäuschungen und Niederträchtigkeiten; belastet von Erfahrungen zerbrechender Beziehungen oder von Begegnungen mit Menschen, die einem das ›Rückgrat‹ zu brechen drohen.

Die Situation ist konfliktträchtig: Es geschieht am Sabbat, und dann auch noch wegen einer Frau. Schon belehrt der Synagogenvorsteher in höhnischer Weise die Umstehenden über alles, was am Sabbat nicht richtig ist. Es gibt »sechs andere Tage«, um zu arbeiten, zu heilen. Damit er ist formal auf der Seite des Rechts, weil er die gebotene Sabbatruhe verteidigt.

Die Antwort Jesu ist scharf: Ochsen und Esel bindet ihr am Sabbat los, aber die Heilung einer Frau aus dem Volk Gottes soll nicht möglich sein? (Vgl. die Heilung des Wassersüchtigen in Lk 14,1–6.) Der Sabbat ist um des Menschen willen da, nicht der Mensch um des Sabbats willen (vgl. Mk 2,27). Gottesdienst und Unterbrechung des Alltags dürfen nicht den Dienst am Ebenbild Gottes verhindern, sondern sollen den Blick öffnen dafür, dass die

»Herrlichkeit Gottes der lebendige Mensch« ist (Irenäus von Lyon): »Musste sie nicht *am Sabbat* (von ihrer Fessel) befreit werden?« (Lk 13,16).

Leidenschaftlich tritt Jesus für den Menschen ein, der als Sohn und Tochter Abrahams in die Heilgeschichte Gottes mit den Menschen gehört. Und dieser Gott hat keinen anderen Namen als den der Menschen: Gott Abrahams, Isaaks, Jakobs und … (vgl. Ex 3,6). Er selbst nennt sich bei seinem Wesen: JHWH (Jahwe), das heißt: »Ich-bin-da-für-euch«, bis hin zur Menschwerdung in Jesus (*Jeschua*: JHWH ist Rettung). – Was hier geschieht, ist ein Vollmachtsakt Jesu, des Gottes- und Menschensohns, der Herr auch über den Sabbat ist (vgl. Lk 6,5).

Aufrichtung und Befreiung von allem, was den Menschen niederbeugt und ihn am aufrechten Gang hindert, ist eine Urbewegung der Kirche. Alle Gebote, Regeln und Normen müssen im Dienst am Menschen und seiner Würde stehen. Das bedeutet nicht, unverbindlich und harmlos mit Gott und dessen Willen umzugehen. Aber es bedeutet sehr wohl, den Menschen differenziert, nachdenklich, unterscheidend und qualifiziert zu begegnen. Damit werden wir der Pastoral und Spiritualität Jesu gerecht, die in jedem Menschen – trotz seiner Verkrümmungen – den Sohn oder die Tochter Abrahams, letztlich das Kind Gottes entdeckt.

Aber wir dürfen auch selbst neben die Aufgerichtete treten und uns über die Erlösung durch Christus freuen. Seine Handauflegung hat uns in der Taufe (und Firmung) schon erreicht und berührt uns immer wieder, wo wir es nicht mehr schaffen, aufrecht, klar und zielgerichtet unseren Weg als Christen zu gehen. Jede Begegnung mit ihm in Wort, in Sakrament und Gemeinschaft hat heilende Kraft, wo wir wach und aufmerksam bleiben für seine Gegenwart – ob am Sabbat/Sonntag oder im Alltag unserer Tageslasten.

24 Oben und unten

Lk 14,7–14

7 *Als er bemerkte, wie sich die Gäste die Ehren-
plätze aussuchten, nahm er das zum Anlass,
ihnen eine Lehre zu erteilen. Er sagte zu ihnen:*
8 *Wenn du zu einer Hochzeit eingeladen bist,
such dir nicht den Ehrenplatz aus. Denn es
könnte ein anderer eingeladen sein, der vor-
nehmer ist als du,* 9 *und dann würde der Gast-
geber, der dich und ihn eingeladen hat, kom-
men und zu dir sagen: Mach diesem hier Platz!
Du aber wärst beschämt und müsstest den un-
tersten Platz einnehmen.* 10 *Wenn du also ein-
geladen bist, setz dich lieber, wenn du hin-
kommst, auf den untersten Platz; dann wird
der Gastgeber zu dir kommen und sagen: Mein
Freund, rück weiter hinauf! Das wird für dich
eine Ehre sein vor allen anderen Gästen.*
11 *Denn wer sich selbst erhöht, wird erniedrigt,
und wer sich selbst erniedrigt, wird erhöht wer-
den.*

12 *Dann sagte er zu dem Gastgeber: Wenn
du mittags oder abends ein Essen gibst, so
lade nicht deine Freunde oder deine Brüder,
deine Verwandten oder reiche Nachbarn ein;
sonst laden auch sie dich ein, und damit ist dir
wieder alles vergolten.* 13 *Nein, wenn du ein
Essen gibst, dann lade Arme, Krüppel, Lahme
und Blinde ein.* 14 *Du wirst selig sein, denn sie*

können es dir nicht vergelten; es wird dir vergolten werden bei der Auferstehung der Gerechten.

Das Streben nach dem ersten Platz, nach dem ›Oben‹, nach der Nähe der ›Wichtigen‹ ist den Menschen tief eingeschrieben. Mehrmals wird in den Evangelien vom Rangstreit der Jünger berichtet. Die beiden »Donnersöhne« Jakobus und Johannes beanspruchen sogar die besten Plätze im Reich Gottes (Mk 10,35ff.).

Jesus begegnet diesem mehr oder weniger heimlichen Verlangen mit einem recht praktischen Gleichnis. Die Peinlichkeit, von einem Höhergestellten vom selbst gewählten ersten Platz verdrängt zu werden, sollte vernünftigerweise davon abhalten, sich vorschnell zu sehr nach oben zu orientieren. »Freund, rück weiter hinauf« zu hören, ist doch deutlich angenehmer. Aber redet Jesus hier nicht einer Bescheidenheit das Wort, die letztlich doch auf die höheren Plätze schielt und zielt? Erniedrigung um der Erhöhung willen?

Jesus geht es um mehr als um die Platzwahl oder Platzanweisungsfragen à la Knigge. Ihm geht es um den Lebensstil in seiner Nachfolge, in der Nachfolge dessen, der selbst den Weg der Erniedrigung gewählt hat. Der letzte Platz ist nicht strategisch-taktisch klug gewählt, sondern Ausdruck des echten Willens, mit allen vom ›letzten Platz‹ das

›Unten‹ zu teilen. Das Maß Christi, der sich selbst erniedrigte und gehorsam wurde bis in den Tod (vgl. Phil 2,8), ist das Maß für die Christen. Und nur diese Bereitschaft zum Letzten ist dann ein Grund zur Erhöhung: »Darum hat Gott ihn erhöht …« (Phil 2,9). »Seid untereinander so gesinnt, wie es dem Leben in Christus Jesus entspricht« (Phil 2,5). – Lukas benutzt dieselben griechischen Worte wie der Philipperbrief.

Eine solche Haltung hat ihre nicht berechnete, sondern geschenkte Wirkung: »Freund, rück weiter hinauf!« Das ist eines der schönsten Worte dieses Textes, denn das Hinaufrücken basiert nicht mehr auf einer höflichen Ordnung gesellschaftlicher oder kirchlicher Präzedenz, sondern auf Freundschaft. Der Gast findet seinen Platz in der Nähe des Einladenden nicht aufgrund einer besonderen Stellung, sondern weil ihn der Herr als ›Freund‹ ansieht.

Am tiefsten geschieht das in der Eucharistie, da jeder von uns aufrücken darf als Freund, der bereit ist für das Hochzeitsmahl und aus ganzem Herzen gesprochen hat: »Herr, ich bin nicht würdig (dass du eingehst unter mein Dach), aber sprich nur ein Wort, so wird meine Seele gesund!«

Der Wahl des letzten Platzes bei einem Mahl entspricht die Wahl der Gäste bei der Einladung: Lade nicht nur die ein, die ohnehin schon deine Freunde sind, sondern Arme, Krüppel, Lahme, Blinde … diese immer wieder im Evangelium genannte Schar. Mache dir genau diese zu neuen Freunden, die dir nichts vergelten können, mit denen du dich nicht schmücken kannst. Schenke denen deine Gemeinschaft und Freundschaft, die wenig Freunde haben. »Selig wirst du sein!« Denn wer einst mit Christus Mahl halten will, wird diese Menschen als Tischgenossen haben, oder er wird selbst keinen Platz finden.

25 Vom überlegten Entschluss zur Nachfolge

Lk 14,28–32

[28]*Wenn einer von euch einen Turm bauen will,*
setzt er sich dann nicht zuerst hin und rechnet,
ob seine Mittel für das ganze Vorhaben aus-
reichen? [29]*Sonst könnte es geschehen, dass er*
das Fundament gelegt hat, dann aber den Bau
nicht fertig stellen kann. Und alle, die es sehen,
würden ihn verspotten [30]*und sagen: Der da hat*
einen Bau begonnen und konnte ihn nicht zu
Ende führen. [31]*Oder wenn ein König gegen*
einen anderen in den Krieg zieht, setzt er sich
dann nicht zuerst hin und überlegt, ob er sich
mit seinen zehntausend Mann dem entgegen-
stellen kann, der mit zwanzigtausend gegen
ihn anrückt? [32]*Kann er es nicht, dann schickt*
er eine Gesandtschaft, solange der andere
noch weit weg ist, und bittet um Frieden.

Erst wägen, dann wagen – das gilt auch für das Wagnis, Jesus nachzufolgen. Wer seinen Weg mitgehen will, soll ihm nicht blindlings folgen wie manch einem ›Guru‹, der durch ›Gehirnwäsche‹ gehorsam macht. Jesus will freie Menschen, die selbst darüber befinden, ob sie der Herausforderung seines Weges gewachsen sind. Ob beim Turmbau oder in der Kriegsführung: Beide Male geht es darum, »sich hinzusetzen« und »auszurechnen« und »zu überlegen«, ob das Unternehmen gelingen kann.

Denn die Nachfolge stellt die hohe Anforderung, täglich sein Kreuz auf sich zu nehmen (Lk 9,23) und Besitz und familiäre Bindungen hintanzusetzen, um sich ganz auf das Abenteuer mit Jesus einzulassen. »Könnt ihr den Kelch trinken, den ich trinken werde?« (Mt 20,22) fragt Jesus die beiden »Donnersöhne« Johannes und Jakobus, als sie die besten Plätze in seinem Reich beanspruchen. Ohne Zögern antworten sie: »Wir können es!« Sie werden noch des Öfteren ›nachgerechnet‹ haben und ins Nachdenken gekommen sein, ob dieses Wort nicht zu schnell ausgesprochen war. Auch Petrus beteuert großspurig: »Ich bin bereit, mit dir sogar ins Gefängnis und in den Tod zu gehen« – und muss sich von Jesus sagen lassen: »Ehe heute der Hahn kräht, wirst du dreimal leugnen, mich zu kennen« (vgl. Lk 22,33–34).

Jesus bleibt nüchtern in der Beurteilung der menschlichen Begeisterung für ihn. Er schraubt aber deshalb seinen Anspruch nicht herunter, sondern fordert wirklich zu einem erwogenen Wagnis heraus, zu einer Entscheidung in Freiheit, wie sie jener Reiche fällt, der Jesus nicht nachfolgen kann und will, weil er ein großes Vermögen hat, an dem er zu sehr hängt (vgl. Lk 18,18–27).

Es ist tröstlich, dass Jesus davon ausgeht, dass Nachfolge nicht nur ein spontaner Akt der Begeisterung und Hingabe ist, sondern auch des wirklichen Hinsetzens, Berechnens und Nachdenkens. Das bedeutet doch, dass es verschiedene Formen der Nachfolge gibt, verschiedene Formen der Radikalität, mit Jesus zu gehen, verschiedene Weisen, sich ihm anzuschließen. Nicht von allen seinen Anhängern verlangt Jesus das Gleiche. Nicht allen mutet er etwa den Verzicht auf Besitz oder auf die Ehe zu (»Wer es erfassen kann, der erfasse es!«; Mt 19,12). Die Apostelgeschichte und die Paulusbriefe zeigen, auf welch verschiedene und vielfältige Weise Menschen Jesus gefolgt sind.

Jesus legt mit seinem Ruf zur Nachfolge die Latte nicht niedrig, weil der Weg mit ihm wahrlich kein Kinderspiel ist. Aber er hängt die Latte auch nicht so hoch, dass die meisten darunter herlaufen, weil sie den Sprung nicht schaffen. Hat er nicht auch dem sich beherzt aufs Wasser wagenden Petrus, der angesichts der Wogen Zweifel bekam und zu versinken drohte, noch die Hand angeboten und Halt gegeben (Mt 14,22–33)?

Es gibt auch eine ›Radikalität der Mitte‹, die in Klugheit und Besonnenheit, in ›nüchterner Leidenschaft‹ Christus folgt und sich dem

Aufbau des Reiches Gottes (Turm) und dem Ringen (Kampf) um den richtigen Weg stellt. Gerade heute geht von solchen Personen besondere Überzeugungskraft aus.

26 Das verlorene Schaf

Lk 15,3–7

3 Da erzählte er ihnen ein Gleichnis und sagte:
4 Wenn einer von euch hundert Schafe hat und
eins davon verliert, lässt er dann nicht die
neunundneunzig in der Steppe zurück und geht
dem verlorenen nach, bis er es findet? 5 Und
wenn er es gefunden hat, nimmt er es voll
Freude auf die Schultern, 6 und wenn er nach
Hause kommt, ruft er seine Freunde und Nach-
barn zusammen und sagt zu ihnen: Freut euch
mit mir; ich habe mein Schaf wiedergefunden,
das verloren war. 7 Ich sage euch: Ebenso wird
auch im Himmel mehr Freude herrschen über
einen einzigen Sünder, der umkehrt, als über
neunundneunzig Gerechte, die es nicht nötig
haben umzukehren.

Zum Kern des Lukasevangeliums gehören drei Gleichnisse, die vom Verlieren und Wiederfinden, vom Suchen und Finden sprechen. Sie gehören zu den schönsten und tiefsten Gleichnissen des ganzen Neuen Testaments. Neunundneunzig brave Schafe zurücklassen, um das eine verirrte, auf Abwege geratene zu suchen, soll eine Ureigenschaft des guten, des göttlichen Hirten darstellen. Der bibelkundige Hörer hatte sofort das alte Bild vom Guten Hirten aus dem Buch Ezechiel vor Augen:

Nachdem mit den schlechten menschlichen Hirten abgerechnet wurde, die nur auf Wolle, Milch und Fleisch der Schafe schauen, aber sie nicht wirklich suchen und begleiten, spricht Gott: »Jetzt will ich meine Schafe selber suchen und mich selber um sie kümmern … und hole sie zurück von all den Orten, wohin sie sich am dunklen, düsteren Tag zerstreut haben … Die verloren gegangenen Tiere will ich suchen, die vertriebenen zurückbringen, die verletzten verbinden, die schwachen kräftigen, die fetten und starken behüten. Ich will ihr Hirt sein und für sie sorgen, wie es recht ist« (Ez 34,11.12.16). Gott auf der Suche nach dem Menschen, weshalb der sich auch immer entfernt haben mag und wohin auch immer er geraten sein mag. »Unruhig ist unser Herz, bis es ruht, o Gott, in dir«, sagt Augustinus. Diesen Satz dürfen wir auch umkehren: Unruhig ist Gott, bis er den Menschen gefunden hat und **bei ihm zur Ruhe kommt**, zur Wohnung bei den Menschen.

Gott lässt sich finden von denen, die ihn heute auf vielfältige Weise suchen. Aber viel mehr: Gott selbst ist ein Suchender, um die zu finden, die er so sehr liebt. Die im Hohelied beschriebene sehnsüchtige Suchbewegung der Liebenden nach dem Geliebten ist auch Bild der leidenschaftlichen Suche Gottes nach den Menschen: »Aufstehen will ich, die Stadt durchstreifen, die Gassen und Plätze, ihn suchen, den meine Seele liebt ... Ich packte ihn, ließ ihn nicht mehr los ... (Hld 3,2.4). Ja, Gott war von Anfang an auf der Suche nach dem (gefallenen) Menschen: »Adam, Mensch, wo bist du?« (vgl. Gen 3,9).

Was Gottes Wesen ist, wird im Dienst Jesu an den Armen und Verlorenen greifbar: Christus selbst ist der Gute Hirt (Joh 10,11ff.), der bereit ist, dem Verlorenen nachzugehen bis in das Dornengestrüpp, der bereit ist, sich blutig zu schinden, um den Verlorenen zu befreien und zurückzuführen, ja bereit ist, sein Leben hinzugeben zur Erlösung des in sich selbst und in seine Machenschaften verstrickten Menschen.

Und dieses Finden und Erlösen ist eine einzige große Freude für ihn, an der er viele teilhaben lassen will: Freut euch mit mir, denn ich habe gefunden, was verloren war; der ganze Himmel bebt vor Freude – mehr über dieses eine Finden als über die vielen, die der Umkehr nicht bedürfen.

Diese Freude allerdings und die Suche Gottes bis an die Grenzen der Erde sind auch Herausforderungen zur Umkehr für alle die, die vermeintlich der Suche Gottes nach ihnen nicht bedürfen. Denn auch wer zu den neunundneunzig Gerechten gehört, sollte sich über das Finden des einen aus tiefstem Herzen freuen. Schon morgen kann er in der Lage sein, von Gott aus einem Gestrüpp befreit werden zu müssen, das er selbst noch gar nicht wahrgenommen hat.

27 Die verlorene Drachme

Lk 15,8–10

[8]Oder wenn eine Frau zehn Drachmen hat und
eine davon verliert, zündet sie dann nicht eine
Lampe an, fegt das ganze Haus und sucht un-
ermüdlich, bis sie das Geldstück findet? [9]Und
wenn sie es gefunden hat, ruft sie ihre Freun-
dinnen und Nachbarinnen zusammen und
sagt: Freut euch mit mir; ich habe die Drachme
wiedergefunden, die ich verloren hatte. [10]Ich
sage euch: Ebenso herrscht auch bei den En-
geln Gottes Freude über einen einzigen Sünder,
der umkehrt.

Noch einmal geht es ums Verlorengehen, Suchen und Finden. Auch uns beschäftigt oft die Suche nach einem Gegenstand, der an sich gar nicht so wertvoll ist, aber uns viel bedeutet oder die Vollständigkeit (»zehn«) unserer Habe ausmacht.

Offensichtlich ist die Frau in dem Gleichnis nicht sehr vermögend (eine Drachme entspricht dem Tageslohn eines Arbeiters), zehn Drachmen sind kein großer Besitz. Gerade deshalb muss es ihr darum gehen, das bisschen Geld zusammenzuhalten für sich und ihre Familie. Auch hier übertragen: Gott macht sich auf die Suche nach dem Menschen, wie eine arme Frau nach dem letzten Cent. Er sucht den Menschen, auch den gemeinhin für eher unbedeutend oder gar wertlos gehaltenen. Für ihn ist jeder Mensch viel mehr wert als ein Schaf aus einer großen Schafherde oder als das Geldstück aus dem bescheidenen Besitz einer Frau. »Ihr seid mehr wert als viele Spatzen«, ruft Jesus (Mt 10,31). Denn wie sollte Gott nicht Sehnsucht haben nach dem Menschen, der verloren gegangen ist, da er ihn doch als sein Ebenbild erschaffen hat (vgl. Gen 1,27). Das macht den uneinholbaren ›Mehr-Wert‹ des Menschen aus vor allem, was ist.

Licht anzünden, Haus reinigen, sorgfältig suchen – eine ziemliche Anstrengung für ein Stückchen Geld (»Mancher sucht einen Pfennig und verbrennt dabei drei Kerzen«, war ein Sinnspruch, der mich in der Kindheit begleitet hat). Gott ist sich nicht zu schade, viel für den Menschen aufzuwenden, der im Getriebe des Alltags und zwischen den Gütern verloren gegangen ist oder sich selbst verloren hat, weil er vielleicht die ganze Welt gewinnen wollte (Lk 9,25). Und wieder diese unbändige Freude, an der alle teilnehmen sollen: Ich habe gefunden, was ich verloren hatte!

Die Freude Gottes liegt bei den Sündern, die er wiederfindet und die zur Umkehr bereit sind. Gott freut sich nicht über die Sünde und beschönigt sie auch nicht; aber er freut sich über den Sünder, dem im Augenblick, da er gefunden wird, aufgeht, was er getan hat oder wohin er geraten ist. Umkehr ist nicht allein Willensakt des Menschen, sondern kommt aus der Suche und dem Entgegenkommen Gottes. Umkehr geschieht nicht nur aus eigener Willensanstrengung, sondern die ›Umkehr‹ Gottes zu dem Menschen, seine Sehnsucht nach dem, den er zur Freiheit erschaffen hat, ruht nicht, bis er ihn gefunden hat. Diese Liebe ist die stärkste Motivation für den Menschen, sich Gott wieder zuzuwenden.

Dieses Verhalten Gottes ist Vorbild und Maßstab für unseren Umgang mit den an den Rand Geratenen. Unsere Gemeinden und jeder persönlich sollen auch diejenigen im Blick behalten, die nicht mehr in der ›Herde‹ mitmachen und sich schon entfernt haben. Wir sollen sie nicht verloren geben, sondern uns um sie kümmern und sie suchen mit innerer Leidenschaft, sie wiedergewinnen, ihnen eine neue Chance eröffnen.

Wir dürfen uns wirklich freuen über Menschen, die sich neu einfinden, und sollten nicht die Nase rümpfen über ihre Vergangenheit. »Es gibt keinen Heiligen ohne Vergangenheit und keinen Sünder ohne Zukunft«, heißt es. Keiner braucht sich zu rühmen, zu den Gerechten zu gehören, zu den gebliebenen Schafen oder den gut verwahrten Drachmen. Und keiner sollte den Wiedergefundenen und zur Umkehr Motivierten an einer neuen Zukunft, an einem echten Neuanfang hindern. Denn: »Vergib uns unsere Schuld, wie auch wir vergeben unseren Schuldigern.«

28 Der barmherzige Vater und sein jüngerer Sohn

Lk 15,11–24

11*Weiter sagte Jesus: Ein Mann hatte zwei*
Söhne. 12*Der jüngere von ihnen sagte zu sei-*
nem Vater: Vater, gib mir das Erbteil, das mir
zusteht. Da teilte der Vater das Vermögen auf.
13*Nach wenigen Tagen packte der jüngere*
Sohn alles zusammen und zog in ein fernes
Land. Dort führte er ein zügelloses Leben und
verschleuderte sein Vermögen. 14*Als er alles*
durchgebracht hatte, kam eine große Hun-
gersnot über das Land und es ging ihm sehr
schlecht. 15*Da ging er zu einem Bürger des*
Landes und drängte sich ihm auf; der schickte
ihn aufs Feld zum Schweinehüten. 16*Er hätte*
gern seinen Hunger mit den Futterschoten ge-
stillt, die die Schweine fraßen; aber niemand
gab ihm davon. 17*Da ging er in sich und sagte:*
Wie viele Tagelöhner meines Vaters haben
mehr als genug zu essen und ich komme hier
vor Hunger um. 18*Ich will aufbrechen und zu*
meinem Vater gehen und zu ihm sagen: Vater,
ich habe mich gegen den Himmel und gegen
dich versündigt. 19*Ich bin nicht mehr wert, dein*
Sohn zu sein; mach mich zu einem deiner Ta-
gelöhner. 20*Dann brach er auf und ging zu sei-*

nem Vater. Der Vater sah ihn schon von Weitem
kommen und er hatte Mitleid mit ihm. Er lief
dem Sohn entgegen, fiel ihm um den Hals und
küsste ihn. [21]*Da sagte der Sohn: Vater, ich*
habe mich gegen den Himmel und gegen dich
versündigt; ich bin nicht mehr wert, dein Sohn
zu sein. [22]*Der Vater aber sagte zu seinen*
Knechten: Holt schnell das beste Gewand und
zieht es ihm an, steckt ihm einen Ring an die
Hand und zieht ihm Schuhe an! [23]*Bringt das*
Mastkalb her und schlachtet es; wir wollen
essen und fröhlich sein. [24]*Denn mein Sohn war*
tot und lebt wieder; er war verloren und ist wie-
dergefunden worden. Und sie begannen, ein
fröhliches Fest zu feiern.

Die Geschichte vom barmherzigen Vater ist ein Höhepunkt der Theologie des Lukasevangeliums. In unnachahmlicher Weise verkündet sie die Botschaft des Gottes, den Jesus als den barmherzigen Vater offenbart hat. Zug um Zug können wir Menschen uns darin wiederfinden, Zug um Zug können wir darin dem Wesen Gottes mehr auf die Spur kommen.

Alles, was wir haben, ist Anteil aus dem Erbe des Vaters und nicht verdienter Besitz. Damit umzugehen, ist in unsere Freiheit gelegt, die Gott so sehr achtet, dass er uns damit auch in die Fremde gehen lässt, dass er Verschwendung und Vergeudung dieses Gutes zulässt. Darin liegt der Anteil des Ebenbilds Gottes an der Freiheit und Souveränität Gottes. Selbst wenn der Mensch ›auf den Hund kommt‹ und bis zu den ›Schweinen‹ gerät: Das Bild des Freiheit gewährenden und mit dem Erbe beschenkenden Vaters wird dadurch nicht beschädigt oder gar zerstört.

Dieses Bild in der Seele zieht den jüngeren Sohn zurück zum Vater: »Ich will aufbreche und zu meinem Vater gehen …« Die Erinnerung an den Vater und sein Haus bewirkt die innere und dann auch äußere Wende. Das Bild in ihm trügt nicht. Der Vater hat ihn nie aus dem Herzen verloren, hat auf ihn gewartet, eilt ihm entgegen, umarmt und küsst ihn. Kein Vorwurf, kein Erstaunen, keine Abrechnung, sondern nur Freude: Er ist wieder da!

So fällt es dem Sohn nicht schwer, seine Schuld auszusprechen und sich selbst dem Vater wieder zu überlassen mit all den Erfahrungen im Herzen, die er unterwegs gemacht hat. Solche Begegnung kann nur im Fest enden, weil sich zwei Menschen wiedergefunden haben, die letztlich einander nie ganz verloren hatten, obwohl die Trennung wie ein Tod in die Seele des Vaters geschnitten hat und die Rückkehr neues Leben bedeutet: »Mein Sohn war tot und lebt wieder!«

Jede Wiederbegegnung mit Gott nach einem lange entfremdeten Leben kann ein solches Freudenfest werden. Auch jede Begegnung im Bußsakrament, im Sakrament der Versöhnung, sollte genau das widerspiegeln: Ein Mensch erinnert sich der Güte Gottes, erfährt das Entgegenkommen Gottes durch die sakramentale Begegnung mit dem Priester, spricht alles aus, was ihn von Gott entfernt hat, hört das Wort der Vergebung und ist neu eingeladen zum Fest des Glaubens. Leider haben wir uns aus vielen Gründen um die Erfahrung dieses herausfordernden und zugleich freudig-erleichternden Vorgangs gebracht, nicht zuletzt durch eine zu hohe Verrechtlichung und auch Individualisierung des Bußsakraments. Es tut dringend not, nach Formen für alle Generationen zu suchen, die diese Begegnung mit Gott wieder einladend machen.

Doch neue Formen allein bringen nicht weiter, wenn wir es nicht einüben, im Alltag, vor allem am Abend, kurz innezuhalten, uns der Beziehung zum Vater bewusst zu werden und den Tag in liebender Aufmerksamkeit zu bedenken. »Ich will aufbrechen und zu meinem Vater gehen und ihm alles sagen …«, das wird sich niemand so leicht zu eigen machen, der das Bild des Vaters in seiner Seele, in seinem Herzen verschüttet hat – wodurch auch immer: durch Gleichgültigkeit, durch Oberflächlichkeit oder durch völliges Besetzt-Sein, Besessen-Sein, vom Markt der Möglichkeiten, der uns unablässig käufliche Glücksversprechen vorgaukelt …

Und noch eines enthält dieses unauslotbare Gleichnis: Hat der Vatergott nicht seinen eigenen Sohn, Jesus Christus, in die »Fremde« gehen lassen – bis in die Abgründe des Menschen hinein?! Hat er ihn nicht »zur Sünde gemacht« (vgl. 2 Kor 5,21), damit er bei seiner Heimkehr zum Vater alle zu ihm bringe, die ins Abseits geraten sind?! Ist nicht der Sohn Gottes bis in die Höllen der Menschen hinabgestiegen, um sie von dorther zu erlösen und zum Vater heimzuführen?! »Vom Ende der Erde rufe ich zu dir« (Ps 61,3) als Stimme all derer, die ans Ende geraten sind. – Umso mehr ist die Rückkehr Auferstehung, und das »Fest« ist die Feier des Todes und der Auferstehung in der Eucharistie!

29 Der barmherzige Vater und der ältere Sohn

Lk 15,25–32

*25Sein älterer Sohn war unterdessen auf dem
Feld. Als er heimging und in die Nähe des Hau-
ses kam, hörte er Musik und Tanz. 26Da rief er
einen der Knechte und fragte, was das bedeu-
ten solle. 27Der Knecht antwortete: Dein Bruder
ist gekommen und dein Vater hat das Mastkalb
schlachten lassen, weil er ihn heil und gesund
wiederbekommen hat. 28Da wurde er zornig
und wollte nicht hineingehen. Sein Vater aber
kam heraus und redete ihm gut zu. 29Doch er
erwiderte dem Vater: So viele Jahre schon diene
ich dir, und nie habe ich gegen deinen Willen
gehandelt; mir aber hast du nie auch nur einen
Ziegenbock geschenkt, damit ich mit meinen
Freunden ein Fest feiern konnte. 30Kaum aber
ist der hier gekommen, dein Sohn, der dein Ver-
mögen mit Dirnen durchgebracht hat, da hast
du für ihn das Mastkalb geschlachtet. 31Der
Vater antwortete ihm: Mein Kind, du bist
immer bei mir, und alles, was mein ist, ist auch
dein. 32Aber jetzt müssen wir uns doch freuen
und ein Fest feiern; denn dein Bruder war tot
und lebt wieder; er war verloren und ist wie-
dergefunden worden.*

Auch die Erfahrung des älteren Sohns ist uns nur zu bekannt. Es ist die Versuchung der Daheimgebliebenen, derer, die die Abgründigkeit und Entfremdung nie ganz durchmachen mussten, denen die Nähe des Vaters selbstverständlich geworden ist. Die Wiederannahme des Verlorenen, die festliche Freude über seine Heimkehr erzeugt Neid bei dem, für den ein solches Fest nie gefeiert wurde. Sind alle Bemühungen im geistlichen Leben, alles Bleiben in der Nähe Gottes, alles Aushalten des Alltags unter seinen Augen nichts wert gegenüber dieser Wende, die sich in einem Rückkehrer vollzieht, den vielleicht nur die Not und vielleicht gar nicht einmal die Liebe zurückgetrieben hat? Der Sünder wird belohnt, der Fromme bleibt unbeachtet? Dem Älteren schießt alles Mögliche durch den Kopf. Er mag sich manches sogar zu denken verbieten in seiner Anständigkeit. Aber er kann und will dieses Fest nicht mitfeiern. Er zweifelt an seinem eigenen Leben und an seinem Vater. »Er wollte nicht hineingehen.«

Und nun geschieht das Wichtigste: Der Vater kommt zu ihm heraus, er kommt ihm genauso entgegen wie dem anderen. Er redet ihm gut zu, nimmt die Vorwürfe des Sohnes entgegen und öffnet ihm die Augen für die Entfremdung, die auch im Herzen des Älteren stattgefunden hat. Entfremdung durch Selbstverständlichkeit, Gewohnheit, Routine, durch Erwartungshaltung, Verdienst-Denken; Entfremdung durch Verlust des inneren Feuers in der Beziehung zum Vater, weil sie nie in Frage gestellt war und ein Loslassen des Vaters nie anstand. »Mein Kind, du bist immer bei mir, und alles, was mein ist, ist dein.« Du hast permanent das Fest meiner Nähe und Zuwendung, du genießt deine Freiheit im Schutz meines Hauses. Auch dich hätte ich ziehen lassen, aber nun ist dein Weg ein anderer. Nicht weniger wertvoll, aber auch nicht weniger bedürftig der Gnade und des Erbarmens angesichts einer unmerklich schleichenden Entfremdung, die mindestens so gefährlich ist wie das Ausschweifen des Jüngeren. – Auch der ältere Sohn ist ein verlorener, den der Vater wiedergewinnen will durch Entgegenkommen, Zureden, Überzeugen.

Freilich meint Jesus hier zuerst die Frommen seines Volkes, die mit seinem Umgang mit den Sündern nicht fertig werden, ihn dafür sogar zu töten suchen. Auf unnachahmliche Weise macht Jesus ihnen klar, wie sehr ihnen die Nähe Gottes (in seinem Bund) geschenkt wurde. Aber dann meint er doch alle, die in schläfriger Selbstverständlichkeit mit Gott umgehen – vom ›Berufschristentum‹ bis hinein ins volkskirchliche Milieu mit den eingesessenen Formen des Christseins: überall, wo man sich des Reichtums der eigenen Berufung nicht mehr bewusst ist.

»Wir müssen uns doch freuen und ein Fest feiern; denn dein Bruder war tot und lebt wieder, er war verloren und ist wiedergefunden worden.« Es ist wichtig und gut, wenn Gemeinden heute in der Hinführung Erwachsener zu Taufe und Firmung wirklich feiern, dass Menschen den Weg zu Christus und seiner Kirche (neu) finden. Kirche der Zukunft wird nur leben, wenn die »älteren« Kinder des Vaters, die Daheimgebliebenen, einladend, offen und selbst umkehrbereit mit neuen Christen umgehen und ihnen ›Räume‹ (nicht nur Räumlichkeiten) bieten, in denen sie nach dem ersten Fest ihr Christsein vertiefen können, es mehr und mehr in Praxis umsetzen können. Mögen sie nicht auf arrogante Besserwisser, sondern auf bescheidene, behutsame, achtsame Mitchristen stoßen, die sich der Gnade dieser Situation bewusst sind!

30 Jesu Hinweise zur Geldanlage

Lk 16,1-9

1 *Jesus sagte zu den Jüngern: Ein reicher Mann*
hatte einen Verwalter. Diesen beschuldigte
man bei ihm, er verschleudere sein Vermögen.
2 *Darauf ließ er ihn rufen und sagte zu ihm:*
Was höre ich über dich? Leg Rechenschaft ab
über deine Verwaltung! Du kannst nicht länger
mein Verwalter sein. 3 *Da überlegte der Ver-*
walter: Mein Herr entzieht mir die Verwaltung.
Was soll ich jetzt tun? Zu schwerer Arbeit tauge
ich nicht, und zu betteln schäme ich mich.
4 *Doch – ich weiß, was ich tun muss, damit*
mich die Leute in ihre Häuser aufnehmen,
wenn ich als Verwalter abgesetzt bin. 5 *Und er*
ließ die Schuldner seines Herrn, einen nach
dem andern, zu sich kommen und fragte den
ersten: Wie viel bist du meinem Herrn schul-
dig? 6 *Er antwortete: Hundert Fass Öl. Da sagte*
er zu ihm: Nimm deinen Schuldschein, setz
dich gleich hin und schreib »fünfzig«. 7 *Dann*
fragte er einen andern: Wie viel bist du schul-
dig? Der antwortete: Hundert Sack Weizen. Da
sagte er zu ihm: Nimm deinen Schuldschein
und schreib »achtzig«. 8 *Und der Herr lobte die*
Klugheit des unehrlichen Verwalters und
sagte: Die Kinder dieser Welt sind im Umgang

mit ihresgleichen klüger als die Kinder des Lichtes.

9 Ich sage euch: Macht euch Freunde mit Hilfe des ungerechten Mammons, damit ihr in die ewigen Wohnungen aufgenommen werdet, wenn es (mit euch) zu Ende geht.

»Der Herr lobte die Klugheit des unehrlichen Verwalters.« Der Herr lobt nicht die Unehrlichkeit, er lobt die kluge Nutzung der Zeit, die dem Verwalter bleibt, und die besonnene Vorsorge mittels des Geldes. Solch ein sachlicher und durchaus positiver Zugang zum Mammon ist keine Unterwerfung, wie sie dort oft geschieht, wo die Gesetze des Kapitalmarkts allein alles bestimmen. Vielmehr geht es um den klugen Einsatz irdischer Güter. Wo die einen in der radikalen Nachfolge allen Besitz lassen, muss es andere in der Nachfolge geben, die den Umgang mit Geld und Gut in hoher Verantwortung vor Gott und den Menschen pflegen und sich nicht von den Mitteln beherrschen lassen, sondern die Mittel beherrschen und vernünftig einsetzen.

Kirche und Geld ist ein uraltes Thema. Oft genug ist die Kirche der Versuchung des Haben-Wollens und Haben-Müssens, des Hortens und Machtausübens mit den irdischen Gütern nicht entgangen. In heutiger Zeit, in der die Mittel nicht mehr so reichlich fließen und selbst ehemals wohlhabende Ortskirchen sparen müssen, werden die alten Tugenden des Maßes und der Klugheit wieder besonders wichtig.

Wir sind in unseren Breiten herausgefordert, die Weise unseres Kircheseins neu zu bedenken und uns dabei von gewohnten Möglichkeiten zu verabschieden. In diesem durchaus schmerzlichen Prozess liegen zweifellos eine Menge Chancen. Doch ist eine ärmer werdende Kirche nicht automatisch eine spirituell geprägtere und mitmenschlichere Kirche. Das Gleichnis Jesu macht deutlich – freilich immer im Zusammenhang mit all seinen anderen und radikalen Aussagen über die Armut –, dass auch die Jünger Christi auf Mittel angewiesen sind, die ihnen ein gemeindliches und persönliches geistliches Leben erst ermöglichen, und dass eine christliche Kultur des Teilens auch etwas zum Teilen braucht. Kirche hat einen Auftrag in der sozialen Diakonie und in der kulturellen Diakonie. Die direkte sozial-karitative Hilfe ermöglicht Menschen Leben, aber auch die kulturelle, liturgische, ästhetische Diakonie richtet auf und gibt Lebenssinn und Richtung.

»Niemand kann zwei Herren dienen: Gott und dem Mammon« (vgl. Lk 16,13) bleibt genauso wichtig wie: »Macht euch Freunde mit Hilfe des ungerechten Mammons.« Niemals darf der Mammon zum ›Herrn‹ werden –

weder im Kleinen, Persönlichen, noch im Großen und Institutionellen. Aber als ›Werkzeug‹ im Sinne eines klugen Umgangs für die Menschen und für ihr Leben mit Gott darf und muss er eingesetzt werden, sofern das Ziel der ewigen Wohnung beim Vater im Blick bleibt.

31 Ausgleichende Gerechtigkeit

Lk 16,19–31

[19]Es war einmal ein reicher Mann, der sich in
Purpur und feines Leinen kleidete und Tag für
Tag herrlich und in Freuden lebte. [20]Vor der
Tür des Reichen aber lag ein armer Mann na-
mens Lazarus, dessen Leib voller Geschwüre
war. [21]Er hätte gern seinen Hunger mit dem ge-
stillt, was vom Tisch des Reichen herunterfiel.
Stattdessen kamen die Hunde und leckten an
seinen Geschwüren. [22]Als nun der Arme starb,
wurde er von den Engeln in Abrahams Schoß
getragen. Auch der Reiche starb und wurde be-
graben. [23]In der Unterwelt, wo er qualvolle
Schmerzen litt, blickte er auf und sah von Wei-
tem Abraham, und Lazarus in seinem Schoß.
[24]Da rief er: Vater Abraham, hab Erbarmen
mit mir und schick Lazarus zu mir; er soll we-
nigstens die Spitze seines Fingers ins Wasser
tauchen und mir die Zunge kühlen, denn ich
leide große Qual in diesem Feuer. [25]Abraham
erwiderte: Mein Kind, denk daran, dass du
schon zu Lebzeiten deinen Anteil am Guten er-
halten hast, Lazarus aber nur Schlechtes. Jetzt
wird er dafür getröstet, du aber musst leiden.
[26]Außerdem ist zwischen uns und euch ein tie-
fer, unüberwindlicher Abgrund, sodass nie-

mand von hier zu euch oder von dort zu uns
kommen kann, selbst wenn er wollte. [27]*Da*
sagte der Reiche: Dann bitte ich dich, Vater,
schick ihn in das Haus meines Vaters! [28]*Denn*
ich habe noch fünf Brüder. Er soll sie warnen,
damit nicht auch sie an diesen Ort der Qual
kommen. [29]*Abraham aber sagte: Sie haben*
Mose und die Propheten, auf die sollen sie
hören. [30]*Er erwiderte: Nein, Vater Abraham,*
nur wenn einer von den Toten zu ihnen kommt,
werden sie umkehren. [31]*Darauf sagte Abra-*
ham: Wenn sie auf Mose und die Propheten
nicht hören, werden sie sich auch nicht über-
zeugen lassen, wenn einer von den Toten auf-
ersteht.

Auf globaler Ebene liegt heute der arme Lazarus der Dritten und Vierten Welt vor den Toren der überfließend reichen Länder der Erde. Die Schere zwischen Arm und Reich geht immer weiter auseinander. Auch in unseren Breiten. In unserem persönlichen Leben sind wir oft so sehr mit Besitzstandswahrung beschäftigt, dass wir Lazarus vor der eigenen Tür nicht wahrnehmen: den an Leib und Seele Obdachlosen, den nach Zuwendung und Wertschätzung Hungernden und Dürstenden, den Kranken und Leidenden. Unsere Konsumwelt verdrängt diese Menschen.

Dabei wird uns die demografische Entwicklung noch viele Lazarusse bescheren in allen Generationen: Alte, die nicht mehr richtig begleitet und gepflegt werden, und Junge, die an dem Reichtum der Alten nicht partizipieren können. Da ist die ausgleichende Gerechtigkeit im Jenseits (in Abrahams Schoß und in den Qualen des Totenreichs) vielen ein willkommenes Bild. Und es ist richtig, fest darauf zu vertrauen, dass die auf Erden Leidenden und an den Rand Gedrückten Platz und Raum in der Weite Gottes finden, dass Barmherzigkeit und Gerechtigkeit gültig bleiben über die irdische Zeit hinaus.

Doch das Gleichnis geht noch tiefer. Es geht um mehr als Ausgleich. Der Reiche will die Menschen warnen. Qual hat ihn zu Einsicht und Reue gebracht. Eine Reue, die aus der Angst kommt und nicht aus der inneren Liebe zu Gott und zu den Menschen. Jesus will aber Menschen, die nicht durch Drohung und Qual zu Einsicht und Umkehr gelangen, sondern durch die Offenheit für das Wort Gottes und das Vertrauen in seine Macht über Leben und Tod: Sie haben Mose und die Propheten, auf die sollen sie hören; wer sich ihnen verschließt, glaubt auch keinem von den Toten Auferstandenen. Wir können ergänzen: Sie haben die Heiligen Schriften und das täglich verkündete Wort. Sie haben die Gegenwart Gottes in den Sakramenten, in Zeichen und Gebärden, die Christus selbst ihnen geschenkt hat. Sie haben die Jahrtausende alte Geschichte des Heils. Sie haben die Schönheit der Schöpfung und vieles andere, ja sogar die Auferstehung des gekreuzigten Christus. Und doch sehen sie nicht, wie Gott sich ihnen darin zeigt und schenkt, wie er da ist inmitten all des Chaotischen und Misslingenden, inmitten all des Missbrauchs menschlicher Freiheit. Nicht durch Mirakel und Wunder soll unser Glaube sich nähren, sondern durch die Zeichen und Worte, durch die ganz ›normale‹ Kost, die Gott uns jeden Tag anbietet.

Wer sich aufmerksam in die Wirklichkeit eingehört und eingelesen hat, wer den täglichen Anspruch der Wirklichkeit erfüllt durch ein offenes Auge für die Not der Menschen vor seiner Tür, durch ein offenes Ohr für das Wort Gottes, durch ein offenes Herz und durch offene Hände zum Teilen, zum Aufrichten und zum Beten, der kann an die Auferstehung der Toten glauben, weil ihm längst klar geworden ist: Gott ist nicht ein Gott der Toten, sondern der Lebenden. Deshalb ist das Leben vor dem Tod heilsentscheidend für das Leben nach dem Tod. »Leben wir, so leben wir dem Herrn, sterben wir, so sterben wir für den Herrn. Ob wir leben oder wir sterben, wir gehören dem Herrn« (Röm 14,8).

32 Unverdient

Lk 17,7–10

7 Wenn einer von euch einen Sklaven hat, der
pflügt oder das Vieh hütet, wird er etwa zu ihm,
wenn er vom Feld kommt, sagen: Nimm gleich
Platz zum Essen? 8 Wird er nicht vielmehr zu
ihm sagen: Mach mir etwas zu essen, gürte
dich und bediene mich; wenn ich gegessen und
getrunken habe, kannst auch du essen und
trinken. 9 Bedankt er sich etwa bei dem Skla-
ven, weil er getan hat, was ihm befohlen
wurde? 10 So soll es auch bei euch sein: Wenn
ihr alles getan habt, was euch befohlen wurde,
sollt ihr sagen: Wir sind unnütze Sklaven; wir
haben nur unsere Schuldigkeit getan.

Das Gleichnis beschreibt nicht unseren Umgang mit denen, die uns ›Sklaven‹, ‚Knechte' sind, Mitarbeiter und Zuarbeiter. Es meint unser ganz persönliches Verhältnis zu Gott: Wenn wir alles getan haben, was er uns aufgetragen hat, sollen wir sagen: »Wir sind unnütze Sklaven.« Lukas legt großen Wert darauf, dass unser Einsatz, unsere Maßnahmen und Aktionen nicht dazu taugen, einen launischen Herrscher im Himmel gnädig zu stimmen oder mit Gott zu verhandeln. Nein, die vorgängige Liebe Gottes ermöglicht uns erst unser Tun. Und diese Liebe kann nicht

›verdient‹ werden. Auch wenn die heimliche Sehnsucht nach individueller Belohnung sich immer wieder meldet, auch wenn wir immer wieder vor Gott (und anderen) etwas aufrechnen möchten: Er bleibt der Größere, der zuerst Liebende, der Schenkende.

Wer tut, was Gott an uns getan hat, leistet nichts Besonders. Er tut das Selbstverständliche: Er antwortet auf die ihm entgegengebrachte Liebe. Außerdem ist auch der »unnütze Sklave« Gottes Freund. Das Herr- und Knechtsein im Sinne der göttlichen Souveränität ist immer auch eine Freundschaft. »Ihr seid meine Freunde, wenn ihr tut, was ich euch auftrage. Ich nenne euch nicht mehr Knechte; denn der Knecht weiß nicht, was sein Herr tut. Vielmehr habe ich euch Freunde genannt; denn ich habe euch alles mitgeteilt« (Joh 15,14f.).

Die Freundschaft mit Gott dient nicht dem Ansehen, dem Sich-Sonnen im Glanz des Höchsten. Diese Freundschaft ist die Bereitschaft, mit dem Freund und für ihn die Last des Tages zu tragen. Denn hier geht es um einen Herrn, der bereit ist, selbst Knecht zu sein. »Die Könige herrschen über ihre Völker und die Mächtigen lassen sich Wohltäter nennen … Ich aber bin unter euch wie der, der bedient« (Lk 22,25–27). Die Fußwaschung im Johannesevangelium (Joh 13,1–20) ist das beredteste Zeichen dieses Herrn, der zugleich Knecht ist, der alles, wirklich alles bis zum

Letzten getan hat, um dann als »unnützer Knecht« zu leiden und begraben zu werden. Gerade darin hat er für uns das Entscheidende getan. Paulus hat diese Haltung für sich angenommen: »Wenn ich … das Evangelium verkünde, kann ich mich deswegen nicht rühmen; denn ein Zwang liegt auf mir. Weh mir, wenn ich das Evangelium nicht verkünde!« (1 Kor 9,16).

Freilich bleibt die Sehnsucht des Menschen nach Anerkennung, nach Wertschätzung, nach Belohnung für sein Bemühen. Untereinander sollten wir damit auch nicht sparen, gerade in dem Bewusstsein, dass all unser Handeln ohne Gott unnütz bleibt und er unserem Tun Halt und Vollendung gibt. Wir sollen auf Felsen bauen (vgl. Lk 6,48). Dann können wir uns selbst gelassen und demütig relativieren. Dann können wir auch offener und dankbarer werden für das Tun der vielen, die trotz aller Abbrüche, die wir heute erleben, in großer Selbstlosigkeit ihren Dienst zum Aufbau der Gemeinde einbringen – nicht an der großen Glocke, sondern im Verborgenen, in selbstverständlicher Verlässlichkeit. Von diesen wird das Leben der Kirche oft mehr getragen als von denen, die ihren Dienst öffentlichkeitswirksam vor sich her zu tragen wissen.

33 »Geht und zeigt euch!«

Lk 17,11–19

[11]Auf dem Weg nach Jerusalem zog Jesus
durch das Grenzgebiet von Samarien und Ga-
liläa. [12]Als er in ein Dorf hineingehen wollte,
kamen ihm zehn Aussätzige entgegen. Sie blie-
ben in der Ferne stehen [13]und riefen: Jesus,
Meister, hab Erbarmen mit uns! [14]Als er sie
sah, sagte er zu ihnen: Geht, zeigt euch den
Priestern! Und während sie zu den Priestern
gingen, wurden sie rein. [15]Einer von ihnen aber
kehrte um, als er sah, dass er geheilt war; und
er lobte Gott mit lauter Stimme. [16]Er warf sich
vor den Füßen Jesu zu Boden und dankte ihm.
Dieser Mann war aus Samarien. [17]Da sagte
Jesus: Es sind doch alle zehn rein geworden.
Wo sind die übrigen neun? [18]Ist denn keiner
umgekehrt, um Gott zu ehren, außer diesem
Fremden? [19]Und er sagte zu ihm: Steh auf und
geh! Dein Glaube hat dir geholfen.

Wie im Gleichnis von der Nächstenliebe (Lk 10,29–37), ist es wieder ein Samariter, ein Fremder, der sich als Einziger angemessen verhält: Von seinem Aussatz auf wunderbare Weise befreit, kommt er voller Dankbarkeit zurück.

Heil (Heilung) wollen alle von Jesus. Respektvoll rufen die Zehn und von fern, weil sie sich keinem gesunden Menschen nähern dürfen. Aussatz kann ansteckend sein; in jedem Fall macht schon die Berührung damit kultisch unrein (vgl. Lev 13,45f.). »Jesus, Meister, hab Erbarmen mit uns!« Das ist der Ruf der vielen bis heute, die verstoßen und abgesondert sind, gemieden von anderen, weil sie nicht in deren Welt passen oder gar für schuldig gehalten werden am eigenen Unglück. Aidskranke leiden darunter, aber auch viele Behinderte und physisch und psychisch Kranke.

Jesus wendet sich ihnen zu und schickt die Männer zu den Priestern, die dann deren (auch kultische) Reinheit bestätigen. Manchmal höre ich darin mit: ›Geht zu den Priestern, all ihr Mühseligen und Beladenen! Zeigt euch ihnen, damit sie euch nicht vergessen in all dem täglich Anfallenden in Liturgie und Katechese, in Verwaltung, Gremienarbeit und Strukturdebatten. Zeigt euch ihnen, damit sie die Ängste der Armen nicht übersehen und die reinigende Kraft des Glaubens nicht unterschätzen, die von Jesus ausgeht, wenn Menschen, Priester wie Suchende und Leidende, ihm vertrauen.‹

»Hab Erbarmen mit uns.« Und er heilte sie alle.

Doch der Urheber des Heils ist dann schnell vergessen. Hat die Bitte an Gott erst

›funktioniert‹, ist dieser Gott schon wieder aus dem Blick. Im Bitten sind wir groß und weitschweifig, im Danken finden wir nur schwer die Sprache. Das ist Gott, aber oft auch Menschen gegenüber so, an deren Nähe, Zuwendung und Liebe man sich so gewöhnt hat, dass der Dank mehr und mehr ausbleibt. Das ist eine schleichende Gefahr für alles private, kirchliche und gesellschaftliche Miteinander. Danken hängt mit Denken zusammen. Wer nicht dankt, denkt nicht mehr an das Geschenk und den Geber. Solche Unaufmerksamkeit verschließt für die Gnade (Geschenk) mehr und mehr.

Ausgerechnet der Fremde! Wo sind die übrigen neun? So möchten auch wir fragen, wenn es keine Resonanz, kein ›Feedback‹ gibt auf Worte und Handeln. So möchten wir auch in unseren Gemeinden fragen, nicht nur nach den Feiern zur Erstkommunion und Firmung: Haben sich so wenige bereitgefunden, (wirklich) umzukehren? Wo sind die Übrigen?

Auch zu Jesus kehrt nur einer zurück. Der aber umso intensiver. Er wirft sich auf sein Angesicht und preist Gott. Die Freude über diesen einen ist größer als die Wehmut über die neun anderen. Vielleicht ist es eine neue Aufgabe für unsere Pastoral, diesen einen/diese wenigen, die etwas begriffen haben, noch mehr zu stärken und zu ermutigen: »Steh auf und geh! Dein Glaube hat dir geholfen.« Gott sei Dank, es gibt sie, die heimkehren und Gott die Ehre geben. Es gibt sie gerade auch unter denen, die die Kirche oft mehr von außen als von innen kennen, aber sich die unverstellte Aufmerksamkeit des Herzens bewahrt haben.

34 Unverschämtes Gottvertrauen

Lk 18,1–8

1Jesus sagte ihnen durch ein Gleichnis, dass sie
allezeit beten und darin nicht nachlassen soll-
ten: 2In einer Stadt lebte ein Richter, der Gott
nicht fürchtete und auf keinen Menschen Rück-
sicht nahm. 3In der gleichen Stadt lebte auch
eine Witwe, die immer wieder zu ihm kam und
sagte: Verschaff mir Recht gegen meinen
Feind! 4Lange wollte er nichts davon wissen.
Dann aber sagte er sich: Ich fürchte zwar Gott
nicht und nehme auch auf keinen Menschen
Rücksicht; 5trotzdem will ich dieser Witwe zu
ihrem Recht verhelfen, denn sie lässt mich
nicht in Ruhe. Sonst kommt sie am Ende noch
und schlägt mich ins Gesicht. 6Und der Herr
fügte hinzu: Bedenkt, was der ungerechte
Richter sagt. 7Sollte Gott seinen Auserwählten,
die Tag und Nacht zu ihm schreien, nicht zu
ihrem Recht verhelfen, sondern zögern? 8Ich
sage euch: Er wird ihnen unverzüglich ihr
Recht verschaffen. Wird jedoch der Menschen-
sohn, wenn er kommt, auf der Erde (noch)
Glauben vorfinden?

Dieses Gleichnis ist eine große Ermutigung zum Beten, eine Ermutigung, es nicht aufzugeben, eine Ermutigung, keine Angst vor Gott zu haben, sondern ihm viel zuzutrauen. Wenn schon unter Menschen voller Herzenshärte (ungerechter Richter) und unverschämter Zudringlichkeit (Witwe) am Ende doch eingelenkt wird, wie sollte dann Gott, der Gerechte und den Menschen Barmherzige, nicht reagieren auf das Gebet seiner Auserwählten, das durchaus ›unverschämt‹ sein darf, Gott etwas zumutet und ihm keine Ruhe lässt? Das Gebet der Auserwählten bei Tag und bei Nacht ist nicht sinnlos. Die Kirche kennt dieses unablässige Beten im Stundengebet und in den Klöstern der Welt. Aber auch in den unzähligen Gebeten, die zur gleichen Zeit von verschiedenen Menschen gesprochen werden und ein Netzwerk der Zuversicht, des Halts und des Vertrauens bilden.

Gott lässt sich jederzeit von den Seinen anrufen. Freilich bleibt die Weise seiner Erhörung ihm überlassen. Sie geschieht nicht wie bei einem ›Automaten‹, wo das Eingegebene als Gegenleistung die gewünschte Ware (Wirkung) hervorbringt. Gottes Wege sind anders als unsere Wege, Gottes Gedanken anders als unsere Gedanken (vgl. Jes 55,8), und jedes Gebet steht – wie im Vaterunser – unter der Grundvoraussetzung: Nicht mein Wille geschehe, sondern der deine (vgl. auch die Ölbergszene in Mk 14,36f.).

Oft verändert sich die Lage, um deren Veränderung wir beten, unmittelbar wenig oder gar nicht. Aber das Gebet verändert uns selbst, weil wir auch das Sinnloseste und Unbegreiflichste noch vor einen Gott bringen dürfen, der eben nicht seine Ruhe haben will. So schwer es auch sein mag zu begreifen, was Gott für richtig hält: Auch er leidet an der uns geschenkten Freiheit. Und er erspart sich in seinem Sohn das Leiden nicht, um den leidenden Menschen auch dort nahe zu sein. Christus, »als er auf Erden lebte, hat … mit lautem Schreien und unter Tränen Gebete und Bitten vor den gebracht, der ihn aus dem Tod retten konnte, und er ist erhört und aus seiner Angst befreit worden. Er … hat … den Gehorsam gelernt …, ist für alle, die ihm gehorchen, der Urheber des ewigen Heils geworden« (Hebr 5,7f.).

Das unverzügliche Recht, das Gott allen verschafft, die ihn eindringlich und vertrauensvoll bitten, zeigt sich oft nicht als Erfüllung eines menschlichen Wunsches, sondern als Recht in den Augen eines Gottes, der letztlich am besten weiß, was für den Menschen gut ist. Dazu braucht es allerdings einen Glauben, der Gott wirklich Gott sein lässt und ihn nicht auf menschliches Denken reduziert. »Weg mit dir, Satan, geh mir aus den Augen! Du willst mich zu Fall bringen; denn du hast nicht das im Sinn, was Gott will, sondern was die Menschen wollen« (Mt 16,23), so weist Jesus Petrus kurz nach dessen großer Erwählung zurecht, weil der das angekündigte Leiden Christi nicht zulassen will.

35 Ehrliches Gebet

Lk 18,9–14

*9Einigen, die von ihrer eigenen Gerechtigkeit
überzeugt waren und die anderen verachteten,
erzählte Jesus dieses Beispiel: 10Zwei Männer
gingen zum Tempel hinauf, um zu beten; der
eine war ein Pharisäer, der andere ein Zöllner.
11Der Pharisäer stellte sich hin und sprach
leise dieses Gebet: Gott, ich danke dir, dass ich
nicht wie die anderen Menschen bin, die Räu-
ber, Betrüger, Ehebrecher oder auch wie dieser
Zöllner dort. 12Ich faste zweimal in der Woche
und gebe dem Tempel den zehnten Teil meines
ganzen Einkommens. 13Der Zöllner aber blieb
ganz hinten stehen und wagte nicht einmal,
seine Augen zum Himmel zu erheben, sondern
schlug sich an die Brust und betete: Gott, sei
mir Sünder gnädig! 14Ich sage euch: Dieser
kehrte als Gerechter nach Hause zurück, der
andere nicht. Denn wer sich selbst erhöht, wird
erniedrigt, wer sich aber selbst erniedrigt, wird
erhöht werden.*

Selbstsicherheit, Selbsterhöhung, Hinweise auf besondere Verdienste vor Gott sind Eigenschaften und Haltungen, die der Jesus des Lukasevangeliums am wenigsten vertragen kann. Egal, ob sie ihren Ausgangspunkt in großem materiellen Besitz oder aus dem vermeintlichen ›Besitz‹ der selig machenden Wahrheit kommen. Deshalb greift das Gleichnis beispielhaft zwei Menschentypen auf, die unser Verhältnis zu Gott verschieden darstellen.

Der Erste kann sich brüsten mit allerlei frommen und sozialen Werken, die Gott doch nicht übersehen kann. Er wird das alles redlich getan haben nach Tradition und Gesetz. Aber er ist der Versuchung nicht entgangen, daraus einen Anspruch auf die Zuwendung Gottes abzuleiten. Und auch nicht der Versuchung, sich mit anderen zu vergleichen, die das alles nicht geschafft haben oder es einfach nicht wollen.

Der Zweite, der Zöllner, dagegen ist sich seiner Situation sehr bewusst. Er geht ehrlich mit sich selbst um. Er vergleicht sich nicht mit anderen Menschen, sondern nur mit der Liebe Gottes, der er so wenig entsprochen hat, weil er vielleicht den Versuchungen seines Berufsstandes erlegen ist. Der Erste bringt nur den Dank vor Gott für seine vergleichsweise reine Weste. Der Zweite bringt sich selbst vor Gott, so wie er ist, mit all den Schwächen, Fehlern und Sünden, ohne Hinweis auf andere, und stammelt die wenigen Worte: Gott, sei mir Sünder gnädig! Der Gedanke an den Mitgekreuzigten am Ende des Lukasevangeliums drängt sich auf, dessen kurzer Satz »Jesus, denk an mich, wenn du in dein Reich kommst!« für ihn heilsentscheidend wurde. Ihm schenkte Jesus die Zusicherung: »Heute noch wirst du mit mir im Paradies sein« (vgl. Lk 23,39–43).

Wie stehen wir selbst vor Gott? Beide Haltungen stecken wohl in uns. Bleiben wir aufmerksam dafür, wenn wir anfangen, Gott vorzurechnen, was wir schon alles getan haben, wie das Punktekonto unserer spirituellen Pflicht- und Kürübungen aussehen müsste. Werden wir noch aufmerksamer, wenn wir anfangen, uns mit anderen zu vergleichen in der Absicht, uns von ihnen zu unterscheiden: Entweder finden wir etwas, das uns vor Gott vermeintlich besser aussehen lässt, oder wir fühlen uns als Nachzügler der Frommen. Hier droht Arroganz, dort Resignation. Beides zerstört das Vertrauen in das wirkliche Gott-Sein Gottes. Das eine macht sich selbst zu Gott, das andere erwartet nichts mehr von Gott.

Und deshalb hat der Zöllner den richtigen Weg gefunden. Er geht ehrlich mit sich und seiner Situation um und hofft ganz auf die Gnade und Zuwendung Gottes. Das ist alles andere als frömmelnde, buckelnde Selbstbescheidung, die das Mitleid Gottes einheimsen will. Solchen Menschen wird ›Erhöhung‹ verheißen. Der Psalm 51, den der Zöllner aufgreift mit seinem kurzen Wort vor Gott, kann jedem von uns eine Gebetshilfe sein, wenn der Selbstgerechte in uns den Zöllner in uns übermächtigen will: »Erschaffe mir, Gott, ein reines Herz und gib mir einen neuen, beständigen Geist« (V. 12).

36 Freie Sicht auf Jesus finden

Lk 19,1–5

[1]Dann kam er nach Jericho und ging durch die
Stadt. [2]Dort wohnte ein Mann namens Za-
chäus; er war der oberste Zollpächter und war
sehr reich. [3]Er wollte gern sehen, wer dieser
Jesus sei, doch die Menschenmenge versperrte
ihm die Sicht; denn er war klein. [4]Darum lief er
voraus und stieg auf einen Maulbeerfeigen-
baum, um Jesus zu sehen, der dort vorbeikom-
men musste. [5]Als Jesus an die Stelle kam,
schaute er hinauf und sagte zu ihm: Zachäus,
komm schnell herunter! Denn ich muss heute
in deinem Haus zu Gast sein.

»Heute muss ich in deinem Haus zu Gast sein«, das ist der Zielsatz des ersten Teils dieser Begegnung. Wieder dieses heilsgeschichtliche Heute. Der reiche, aber zu klein geratene und von vielen verachtete Oberzöllner konnte nicht ahnen, dass »heute« sein Tag sein würde. Schon immer wollte er diesen Jesus sehen, von dem man so viel hörte, vor allem, dass er seine Zunft, die allgemein verhassten Zöllner, nicht links liegen ließ. Einen von seinesgleichen zählte dieser Jesus sogar zu seinen engsten Freunden (Levi / Matthäus).

Was musste das für ein Mann sein, der sich derart eigenwillig über die (Vor-)Urteile hinwegsetzte und die Menschen so berührte, dass Blinde wieder Perspektiven gewannen, Kranke aufgerichtet wurden und selbst notorische Sünder seine Tischgenossen sein durften? Heute war endlich die Gelegenheit. Und auch wenn es lächerlich wirken mochte: ›Ich muss auf den Baum klettern, ich will ihn wenigstens sehen.‹ – Ob aus Neugier oder von tieferer Suche getrieben, bleibt offen.

Die ›Menge‹ versperrt ihm die Sicht. So ergeht es auch vielen Neugierigen und Suchenden unserer Tage. Die ›Großen‹ und ›Frommen‹ drängen sich um Jesus, aber auch die, die ihn unmittelbar berühren wollen und dabei alle und alles um sich herum vergessen. Zachäus lässt sich davon nicht beirren, und gerade das wird ganz besonders beeindruckt haben. Offenbar hat der Reichtum ihn und seine Augen noch nicht so verfettet, dass dieser Jesus ihn nicht interessierte. Er will sehen, wer Jesus ist. – Wenn das von jedem Christen gesagt werden könnte, wäre manche Sorge um die Zukunft der Kirche überflüssig.

Sehen wollen, wer Jesus ist (vgl. auch Joh 12,21), diese Sehnsucht steigt wieder mehr in (jungen) Menschen auf, denen das Fern-sehen und Schwarz-sehen und Sterne-sehen nicht mehr genügt. Ihn selbst wollen sie sehen, auch durch manche Verstellungen und Behinderungen durch die um Jesus herum Eifernden hindurch. Sie wollen in die Nähe Jesu, der ihr Leben anspricht und verändert. Dafür nehmen sie manche Mühe, manches ›Klettern‹ in Kauf, machen sich auf weite Wege zu geistlichen Orten, lassen sich auf Stille und Einsamkeit ein oder stehen in Fröhlichkeit die Strapazen großer Ereignisse durch wie den Weltjugendtag oder Wallfahrten.

Es gibt wohl keine Spiritualität, die Jesus sehen, sich aber Mühe, Anstrengung und auch eine Absetzung von der öffentlichen Meinung ersparen will. Die Sicht auf Jesus muss ›erklettert‹ werden. Zu solchen Menschen schaut Jesus hinauf. Wer Niedergeschlagene wahrnimmt und sich zu ihnen niederbeugt, hat auch eine Sensibilität für die Kletterer, die sich nach Aussichtspunkten, nach Licht-Blicken, nach Perspektiven sehnen.

»Zachäus, komm schnell herunter!« Deine Chance heute wird zum wirklichen Heute deines Heiles: »Heute muss ich in deinem Haus zu Gast sein.« Es ist ein heilsgeschichtliches ›Muss‹. Es ist die Notwendigkeit einer Liebe, die an diesem Neugierigen, Suchenden, Kletternden nicht vorbeigehen kann. Sie muss bei ihm bleiben mit dem Drang der Liebe, die am Schluss des Lukasevangeliums in den Worten Jesu an die Emmaus-Jünger aufleuchtet: »Musste nicht der Messias all das erleiden, um so in seine Herrlichkeit zu gelangen?« (Lk 24,26). Es ist das ›Muss‹ der Liebe Gottes, bei den Menschen zu bleiben, die seiner Barmherzigkeit besonders bedürfen.

37 Die Türen öffnen für Jesus

Lk 19,6–10

6Da stieg er schnell herunter und nahm Jesus
freudig bei sich auf. 7Als die Leute das sahen,
empörten sie sich und sagten: Er ist bei einem
Sünder eingekehrt. 8Zachäus aber wandte sich
an den Herrn und sagte: Herr, die Hälfte mei-
nes Vermögens will ich den Armen geben, und
wenn ich von jemand zu viel gefordert habe,
gebe ich ihm das Vierfache zurück. 9Da sagte
Jesus zu ihm: Heute ist diesem Haus das Heil
geschenkt worden, weil auch dieser Mann ein
Sohn Abrahams ist. 10Denn der Menschensohn
ist gekommen, um zu suchen und zu retten,
was verloren ist.

Zachäus hat verstanden, was vor sich geht: Jesus will sich nicht nur sehen lassen, will nicht nur Neugier befriedigen oder selbst etwas zu essen und zu trinken bekommen. Zachäus hat verstanden, dass er hier und jetzt die Chance bekommt, Jesus wirklich aufzunehmen und so ein neues Leben zu beginnen. Schnell und mit Freude öffnet er ihm sein Haus, aber sicher auch beschämt und betroffen in der Tiefe seines Herzens. Denn in dieser Zuwendung begegnet ihm der Blick der Liebe, der zugleich der Blick der Wahrheit ist, einer Wahrheit, die er vielleicht jahrelang verdrängt und unterdrückt hat. Die entrüstete Menge wird er nicht mehr hören: »Bei einem Sünder ist er eingekehrt, um zu wohnen!« Er weiß, was Jesus meint, wenn er bei ihm einkehrt: Jesus geht es nicht um die Sünde, sondern um ihn, Zachäus, als Person in der Tiefe seiner Existenz.

Die anderen schauen nur auf die Sünde, die Schwachheit, den kleinen Kollaborateur, der sich auf ihre Kosten bereichert hat. Deshalb können sie auch Jesus nicht richtig sehen, weil ihnen die Sicht verstellt ist durch ihre Urteile. Sie können Jesus nicht sehen als den, der sich in Nazaret vorgestellt hat als der Christus, der ein Gnadenjahr des Herrn ausruft (Lk 4,19). Zachäus dagegen wird verwandelt vom Eintreiber zum großzügigen Verteiler, vom Raffenden zum Teilenden, vom Kleinen in seiner Gestalt zum Großen in seinem Herzen. Darum noch einmal das Heute im Zielsatz des zweiten Teils des Berichts: »Heute ist diesem Haus das Heil geschenkt worden, weil auch dieser Mann ein Sohn Abrahams ist.« Das Heil, das der Gott Abrahams, Isaaks und Jakobs den Menschen von alters her zugedacht hat, kommt in diesem Mann in diesem Haus ins Heute.

»Bringt Früchte hervor, die eure Umkehr zeigen, und fangt nicht an zu sagen: Wir haben ja Abraham zum Vater. Denn ich sage euch: Gott kann aus diesen Steinen Kinder Abrahams machen«, so hatte Johannes der Täufer in der Wüste gerufen (Lk 3,8). Hier ist das Herz aus Stein gewandelt in ein Herz aus Fleisch (vgl. Ez 36,26), hier hat sich ein Mensch durch das Heute Gottes umkehren, wandeln und heilen lassen. Hier hat sich der Auftrag des Menschensohns erfüllt, »zu suchen und zu retten, was verloren war«. Die Gleichnisse aus dem 15. Kapitel vom verlorenen Schaf, der verlorenen Drachme und dem ›verlorenen‹ Sohn klingen wieder auf und dahinter die große Folie des Ezechielbuchs über den Guten Hirten Gott (Ez 34,11ff.).

»Heute muss ich bei dir bleiben … Heute ist diesem Hause Heil widerfahren.« Das Bleiben Jesu ist das Heil. Nicht irgendwelche Gaben und Fähigkeiten, sondern er selbst ist das Heil. »Heute noch wirst du mit mir im Paradies sein«, wird er am Ende dem Mitgekreuzigten sagen (Lk 23,43). Das Paradies ist nicht ein Ort, sondern das Ereignis des ›Bei-Ihm-Seins‹.

Jesus sehen wollen, Widerstände überwinden, die Türen seines Hauses öffnen, bereit sein zu Umkehr und Teilen – auf diesem Weg kommt uns das Heil entgegen: Jesus Christus selbst im Heute meiner Existenz, meines Herzens und meines Hauses. Wir müssen schon die Augen offenhalten, auch unter Anstrengungen, um seinen ›Vorübergang‹ nicht zu verpassen, der mitunter überraschend und unberechenbar zur ›Einkehr‹ werden will.

38 Der Schlüssel zum Paradies

Lk 23,39–43

*[39]Einer der Verbrecher, die neben ihm hingen,
verhöhnte ihn: Bist du denn nicht der Messias?
Dann hilf dir selbst und auch uns! [40]Der an-
dere aber wies ihn zurecht und sagte: Nicht
einmal du fürchtest Gott? Dich hat doch das
gleiche Urteil getroffen. [41]Uns geschieht recht,
wir erhalten den Lohn für unsere Taten; dieser
aber hat nichts Unrechtes getan. [42]Dann sagte
er: Jesus, denk an mich, wenn du in dein Reich
kommst! [43]Jesus antwortete ihm: Amen, ich
sage dir: Heute noch wirst du mit mir im Para-
dies sein.*

Schon immer hat mich diese Szene in besonderer Weise berührt. Denn die beiden Mitgekreuzigten Jesu stehen für Menschen in der Situation der Entscheidung. Nicht nur für zwei Menschengruppen, sondern für jeden von uns, der ›zwei Seelen in seiner Brust‹ hat: die eine, die sich verschließt, sich um sich selbst dreht und den anderen, erst recht Gott nichts zutraut; die andere, die offen, ehrlich und lauter einer Zuwendung im letzten Moment fähig ist. Widerstand und Ablehnung auf der einen Seite, Einsicht und Annahme auf der anderen.

Der eine Satz, den der rechte Mitgekreuzigte noch über die Lippen bringt, entscheidet alles: »Jesus, denk an mich …«

Ständig schwankt unser Leben zwischen den Haltungen der Mitgekreuzigten in einer Spannung, die selbst der große Apostel Paulus (oder gerade er, wie auch der schwankende Petrus) bis ins Innerste erlebt hat. In seinem Brief an die Römer schreibt er: »Ich weiß, dass in mir … nichts Gutes wohnt; das Wollen ist bei mir vorhanden, aber ich vermag das Gute nicht zu verwirklichen. Denn ich tue nicht das Gute, das ich will, sondern das Böse, das ich nicht will … In meinem Innern freue ich mich am Gesetz Gottes, ich sehe aber ein anderes Gesetz in meinen Gliedern, das … mich gefangen hält im Gesetz der Sünde, von dem meine Glieder beherrscht werden. Ich unglücklicher Mensch!« (vgl. Röm 7,18–24).

Das Wort Jesu am Kreuz ermutigt uns, in aller Spannung und Unsicherheit, in allem Zweifel, in aller Zerrissenheit und Unentschiedenheit zu dieser Bitte des rechten Mitgekreuzigten zu finden: »Jesus, denk an mich!« Auf diesen Aufblick antwortet Jesus mit der größeren Zusage, die er geben kann in dieser Situation: »Heute noch! Du mit mir in meinem Leben!« Paradies ist nicht ein Ort irgendwo im Niemandsland des großen Alls, sondern dort, wo Jesus ist. Es ist der Zustand, mit ihm zu sein in seinem Leben. Gott ist Mensch geworden, damit der Mensch Platz habe bei Gott, sagen die Kirchenväter. Hier wird das Wirklichkeit: »Du sollst bei mir Platz haben, aufatmen, leben in Fülle, weil du auch in äußerster Sünde und Absonderung den Aufblick zu mir gewagt hast: Jesus, denk an mich!« – Diese vier Worte sollten ein Grundgebet unseres Lebens werden. Dann werden wir auch in schweren Entscheidungen nicht völlig in die Irre gehen oder ins Bodenlose fallen.

Für jeden, der sich so an Jesus wendet, in welcher Situation auch immer, verwirklicht sich das Heute des Heils wie für die Hirten, denen der Engel verkündete: »Heute ist euch in der Stadt Davids der Retter geboren« (Lk 2,11), wie für Zachäus, der keine Mühe scheute, um Jesus zu sehen: »Heute muss ich in deinem Haus zu Gast sein« (Lk 19,5). Dieses Heute ist die Zeit des Heils, die mit Jesus ein für alle Mal angebrochen ist. Christus leidet im Heute unserer Welt weiter, breitet weiter seine Arme aus, um alle an sich zu ziehen (vgl. Joh 12,32) und sie für das ewige Heute seines Lebens zu bereiten. Zu ihm zu beten: »Jesus, denk an mich …«, eröffnet das Paradies!

39 Der Schlüssel zum Verständnis der Bibel

Lk 24,13–27

[13]*Am gleichen Tag waren zwei von den Jüngern*
auf dem Weg in ein Dorf namens Emmaus, das
sechzig Stadien von Jerusalem entfernt ist.
[14]*Sie sprachen miteinander über all das, was*
sich ereignet hatte. [15]*Während sie redeten und*
ihre Gedanken austauschten, kam Jesus hinzu
und ging mit ihnen. [16]*Doch sie waren wie mit*
Blindheit geschlagen, sodass sie ihn nicht er-
kannten. [17]*Er fragte sie: Was sind das für*
Dinge, über die ihr auf eurem Weg miteinander
redet? Da blieben sie traurig stehen, [18]*und der*
eine von ihnen – er hieß Kleopas – antwortete
ihm: Bist du so fremd in Jerusalem, dass du als
Einziger nicht weißt, was in diesen Tagen dort
geschehen ist? [19]*Er fragte sie: Was denn? Sie*
antworteten ihm: Das mit Jesus aus Nazaret.
Er war ein Prophet, mächtig in Wort und Tat
vor Gott und dem ganzen Volk. [20]*Doch unsere*
Hohenpriester und Führer haben ihn zum Tod
verurteilen und ans Kreuz schlagen lassen.
[21]*Wir aber hatten gehofft, dass er der sei, der*
Israel erlösen werde. Und dazu ist heute schon
der dritte Tag, seitdem das alles geschehen ist.
[22]*Aber nicht nur das: Auch einige Frauen aus*

unserem Kreis haben uns in große Aufregung
versetzt. Sie waren in der Frühe beim Grab,
23fanden aber seinen Leichnam nicht. Als sie
zurückkamen, erzählten sie, es seien ihnen
Engel erschienen und hätten gesagt, er lebe.
24Einige von uns gingen dann zum Grab und
fanden alles so, wie die Frauen gesagt hatten;
ihn selbst aber sahen sie nicht. 25Da sagte er
zu ihnen: Begreift ihr denn nicht? Wie schwer
fällt es euch, alles zu glauben, was die Pro-
pheten gesagt haben. 26Musste nicht der Mes-
sias all das erleiden, um so in seine Herrlich-
keit zu gelangen? 27Und er legte ihnen dar,
ausgehend von Mose und allen Propheten, was
in der gesamten Schrift über ihn geschrieben
steht.

Wenn es eine Geschichte gibt, in der sich die Botschaft des Lukasevangeliums vom Weg Jesu und der Kirche am meisten verdichtet, dann ist es die Emmaus-Geschichte. Sie ist auf unser persönliches Leben zu beziehen, auf den Weg der Kirche, auf unsere Gottesdienstfeier. Sie schlägt die Brücke vom Lukasevangelium zur Apostelgeschichte, von der Zeit Jesu zur Gegenwart seiner Gemeinde.

Im ersten Teil geht es um das Gespräch miteinander, um die eigene Erfahrung und um das biblische Wort (um das Wortgeschehen wie in der Liturgie des Wortgottesdienstes). Die beiden Jünger können sich vor ihrer

Verzweiflung nur retten, indem sie aufbrechen und miteinander sprechen. Aufbruch und Dialog sind Heilmittel gegen Enttäuschung und Frustration. Doch die Jünger sind nicht so fixiert auf sich und ihre leidvollen Erfahrungen, dass sie den Fremden nicht dazwischen ließen, der sich ihnen unerkannt zugesellt. Nun gewinnt das Gespräch eine völlig neue Tiefe durch die Fragen, die Antworten und die Zusammenhänge, die Jesus ihnen aufzeigt, sodass ihnen das Herz brennt (Lk 24,32). Der Weg der Christen ist bestimmt von Aufbruch und Dialog, vom Aussprechen der positiven wie der negativen Erfahrungen, und auch vom Sich-in-Frage-stellen-Lassen durch andere: »Was sind das für Reden ...?«

»Wir aber hatten gehofft, dass er es sei, der Israel erlösen werde.« »Ihn selbst aber sahen sie nicht.« – Alle Enttäuschung und Trauer drückt sich in diesen wenigen Worten aus. Ein erster Schritt zur Heilung, erst recht, wenn jemand da ist, der sich Zeit nimmt, mitgeht, zuhört und die Erfahrungen deutet. Der Tadel »Begreift ihr denn nicht? Wie schwer fällt es euch, alles zu glauben«, verschwindet vor dem Willen Jesu, alles in ein neues Licht zu stellen.

Er tut es schrittweise. Wer könnte dieses göttliche ›Muss‹ sofort (oder überhaupt je) erfassen, das den Messias nur durch Leiden zur Herrlichkeit gelangen lässt? Der Hebräerbrief wird sagen: »Es war angemessen, dass Gott, … den Urheber ihres Heils durch Leiden vollendete« (Hebr 2,10), und etwas später: »Obwohl er der Sohn war, hat er durch Leiden den Gehorsam gelernt …« (Hebr 5,8). Es ist die unauslotbare, ver-rückte Liebe Gottes, die ihn zu der Torheit des Kreuzes (1 Kor 1,18) ›verführt‹, die Freiheit des von ihm geschaffenen Menschen so zu achten, dass er den Missbrauch dieser Freiheit noch mit seiner Liebe unterfängt. Und es ist ebenso die letztlich unbegreifliche Liebe Gottes, die das Leiden des Menschen nicht abschafft, sondern sich in Jesus Christus selbst ins Leiden begibt, um niemanden auch in der dunkelsten Dunkelheit alleinzulassen, sondern sie mit ihm und für ihn zu durchleiden.

Wie sollte einem da nicht das Herz (und der Kopf) brennen angesichts dieser letzten existenziellen Frage nach dem Ineinander von unendlicher Liebe Gottes und dem uns unendlich erscheinenden Leid, das trotz der Erlösung der Menschheit durch Christus tagtäglich geschieht?!

Die Frage nach dem Leid bleibt auch für den Glaubenden die größte Herausforderung in seiner Beziehung zu Gott. Sie bleibt die Bewährungsprobe des Glaubens schlechthin. Wir werden nur vor dem Irrewerden daran bewahrt, wenn wir miteinander und mit dem Herrn unterwegs und im Gespräch bleiben.

Manchmal ist der Weg nach Emmaus sehr lang – bis zu einer Annahme des Leidens oder gar einer gewissen Einsicht. Aber das entbindet uns nicht vom Hören auf das Wort Gottes in der Schrift und vom Gespräch darüber mit Christus selbst im Gebet, mit geistlich erfahrenen Menschen (geistliche Begleitung), mit anderen Suchenden (z. B. ›Bibel teilen‹) und in dem persönlichen ›Bewegen‹ der Worte im eigenen Herzen, wie Maria es tat (vgl. Lk 2,19).

40 Der Schlüssel zur Gemeinschaft mit Christus

Lk 24,28–35

*[28]So erreichten sie das Dorf, zu dem sie unter-
wegs waren. Jesus tat, als wolle er weitergehen,
[29]aber sie drängten ihn und sagten: Bleib doch
bei uns; denn es wird bald Abend, der Tag hat
sich schon geneigt. Da ging er mit hinein, um
bei ihnen zu bleiben. [30]Und als er mit ihnen bei
Tisch war, nahm er das Brot, sprach den Lob-
preis, brach das Brot und gab es ihnen. [31]Da
gingen ihnen die Augen auf und sie erkannten
ihn; dann sahen sie ihn nicht mehr. [32]Und sie
sagten zueinander: Brannte uns nicht das Herz
in der Brust, als er unterwegs mit uns redete
und uns den Sinn der Schrift erschloss? [33]Noch
in derselben Stunde brachen sie auf und kehr-
ten nach Jerusalem zurück und sie fanden die
Elf und die anderen Jünger versammelt.
[34]Diese sagten: Der Herr ist wirklich aufer-
standen und ist dem Simon erschienen. [35]Da
erzählten auch sie, was sie unterwegs erlebt
und wie sie ihn erkannt hatten, als er das Brot
brach.*

Das Gespräch mit dem Unerkannten, die Auseinandersetzung mit Worten allein –

selbst mit Worten der Schrift – öffnet den beiden noch nicht die Augen für die lebendige Gegenwart des Herrn. So wird es auch uns in den Stunden der Enttäuschung und der Dunkelheit nicht ausreichen zu diskutieren, wie alles so weit kommen konnte. Den entscheidenden Schritt tun die Jünger mit der Bitte: »Bleib doch bei uns; denn es wird bald Abend, der Tag hat sich schon geneigt.« Aus der Diskussion wird eine Einladung, aus dem Gespräch über ein Problem eine Beziehung. Für uns, die wir den Unerkannten kennen, heißt das: Auch aus unserem Diskutieren muss Gebet werden, eines der dichtesten und schönsten Gebete in schwieriger Situation: »Bleibe bei uns, Herr, es wird dunkel, die Nacht ist nahe.«

Jesus nimmt die Bitte an: »Da ging er mit hinein, um bei ihnen zu bleiben.« Obwohl es im übernächsten Vers schon heißt: »Dann sahen sie ihn nicht mehr«, bleibt er doch bei ihnen in der neuen Weise seiner Gegenwart: im Brotbrechen, im Mahl. Die Auslegung des Wortes ließ schon das Herz brennen, die Einladung, das Gebet hat neue Beziehung hergestellt. Aber erst bei der Begegnung im Mahl »gingen ihnen die Augen auf« (im Griechischen dasselbe Wort, das für das Erschließen der Schrift benutzt wird). Denn hier kommt zum Gespräch und zur Einladung die Erinnerung an die Mahlgemeinschaften hinzu, die sie mit Jesus erfahren hatten, vor allem am Abend vor seinem Leiden, da er im Brotbrechen die Hingabe seines Lebens am Kreuz vorausdeutete und das Mahl mit Brot und Wein zum Zeichen seiner bleibenden, lebendigen Gegenwart erklärte. »Tut dies zu meinem Gedächtnis!«, hatte er ihnen aufgetragen (Lk 22,19). Jetzt erkennen sie die Tiefe dieses Geschenks und seines Auftrags. Aufbruch, gegenseitiges Erzählen in freudiger Gemeinschaft bestätigt das Geschehene: Der Herr lebt weiter mitten unter uns; er ist zu erkennen im Brotbrechen, in der Eucharistie.

Vieles kann sich in der Kirche und auch in unserem persönlichen Glaubensleben verändern. Unaufgebbar ist die Weggemeinschaft im Dialog über Freude und Leid, ist die Offenheit, Jesus in die Mitte zu lassen, sich von ihm die Heilige Schrift erschließen zu lassen und ihn einzuladen im Gebet, sind das Brotbrechen und der neue Aufbruch von der Mahlgemeinschaft zur Erzählgemeinschaft. Der Weg der Kirche, der Weg der Liturgie, der Weg der Evangelisierung ist hier vorgezeichnet. Die sechs Dimensionen der Evangelisierung, die Papst *Paul VI.* uns in seinem unüberholten Schreiben »Evangelii nuntiandi« (Evangelisierung in der Welt von heute) gedeutet hat, gründen in diesem Evangelium: Zeugnis des Lebens (mitgehen); ausdrückliche Verkündigung (Auslegung des Wortes);

Zustimmung des Herzens (das brennende Herz); konkrete Gemeinschaft (sie kehren gemeinsam ein); sakramentale Zeichen (Brotbrechen); Aufbruch zum Weitersagen (aufbrechen, erzählen).

- Diese Grundstruktur
- Leben
- Wort
- Herz
- Gemeinschaft
- Zeichen
- Aufbruch

ist der Kirche eingeprägt und bleibt Kriterium jedes pastoralen und spirituellen Handelns, bleibt auch Grundstruktur jeden christlichen Lebensstils. Lukas selbst greift das in der Apostelgeschichte wieder auf für die Urgemeinde: »Sie hielten an der Lehre der Apostel fest und an der Gemeinschaft, am Brechen des Brotes und an den Gebeten ... in Freude und Einfalt des Herzens« und in der Bereitschaft zum Teilen (vgl. Apg 2,42-47). Nichts anderes meinen auch die Grundvollzüge der Kirche: Gottesdienst (*Liturgia*), Glaubenszeugnis (*Martyria*), Nächstendienst (*Diakonia*) und das alles in Gemeinschaft (*Koinonia*).

Gemeinde Jesu geschieht, wo wir den Glauben feiern, ihn bezeugen und ihn leben in Gemeinschaft untereinander, mit allen Menschen und für alle Menschen.

Das Evangelium nach Lukas

Eine Übersicht

1,1–4: Vorwort

I. Die Vorgeschichte: Kap. 1,1 – 2,52

1,5–25: Die Verheißung der Geburt des Täufers
1,26–38: Die Verheißung der Geburt Jesu
1,39–56: Der Besuch Marias bei Elisabet
1,57–80: Die Geburt des Täufers
2,1–20: Die Geburt Jesu
2,21-40: Das Zeugnis des Simeon und der Hanna über Jesus
2,41–52: Der zwölfjährige Jesus im Tempel

II. Die Vorbereitung des Wirkens Jesu: Kap. 3,1 – 4,13

3,1–20: Johannes der Täufer
3,21–22: Die Taufe Jesu
3,23–38: Die Vorfahren Jesu
4,1–13: Die Versuchung Jesu

III. Das Wirken Jesu in Galiläa: Kap. 4,14 – 9,50

4,14–15: Erstes Auftreten in Galiläa
4,16–30: Die Ablehnung Jesu in seiner Heimat
4,31–37: Jesus in der Synagoge von Kafarnaum
4,38–39: Die Heilung der Schwiegermutter des Petrus
4,40–41: Die Heilung von Besessenen und Kranken
4,42–44: Aufbruch aus Kafarnaum

5,1–11: Die Berufung der ersten Jünger
5,12–16: Die Heilung eines Aussätzigen
5,17–26: Die Heilung eines Gelähmten
5,27–32: Die Berufung des Levi und das Mahl mit den Zöllnern
5,33–39: Die Frage nach dem Fasten
6,1–5: Das Abreißen der Ähren am Sabbat
6,6–11: Die Heilung eines Mannes am Sabbat
6,12–16: Die Wahl der Zwölf
6,17–19: Der Andrang des Volkes

Die Feldrede: 6,20–49

6,20–26: Seligpreisungen und Weherufe
6,27–36: Von der Vergeltung und von der Liebe zu den Feinden
6,37–42: Vom Richten
6,43–46: Von der wahren Frömmigkeit
6,47–49: Vom Haus auf dem Felsen

Zeichen und Worte Jesu: 7,1 – 9,50

7,1–10: Der Hauptmann von Kafarnaum
7,11–17: Die Auferweckung eines jungen Mannes in Naïn
7,18–23: Die Frage des Täufers
7,24–35: Das Urteil über den Täufer
7,36–50: Die Begegnung Jesu mit der Sünderin
8,1–3: Die Frauen im Gefolge Jesu
8,4–8: Das Gleichnis vom Sämann
8,9–10: Sinn und Zweck der Gleichnisse
8,11–15: Die Deutung des Gleichnisses vom Sämann
8,16–18: Vom rechten Hören
8,19–21: Von den wahren Verwandten Jesu
8,22–25: Der Sturm auf dem See
8,26–39: Die Heilung des Besessenen von Gerasa
8,40–56: Die Auferweckung der Tochter des Jaïrus und die Heilung einer kranken Frau

9,1–6: Die Aussendung der zwölf Jünger
9,7–9: Das Urteil des Herodes über Jesus
9,10–17: Die Rückkehr der Jünger und die Speisung der Fünftausend
9,18–22: Das Messiasbekenntnis des Petrus und die erste Ankündigung von Leiden und Auferstehung
9,23–27: Von Nachfolge und Selbstverleugnung
9,28–36: Die Verklärung Jesu
9,37–43a: Die Heilung eines besessenen Jungen
9,43b–45: Die zweite Ankündigung von Leiden und Auferstehung
9,46–48: Der Rangstreit der Jünger
9,49–50: Der fremde Wundertäter

IV. Auf dem Weg nach Jerusalem: Kap. 9,51 – 19,27

Von der wahren Jüngerschaft: 9,51 – 13,21

9,51–56: Die ungastlichen Samariter
9,57–62: Von der Nachfolge
10,1–16: Die Aussendung der zweiundsiebzig Jünger
10,17–20: Der Lohn der Jünger
10,21–22: Der Dank Jesu an den Vater
10,23–24: Die Seligpreisung der Jünger
10,25–28: Das große Gebot
10,29–37: Das Beispiel vom barmherzigen Samariter
10,38–42: Maria und Marta
11,1–4: Das Gebet des Herrn
11,5–8: Das Gleichnis vom bittenden Freund
11,9–13: Vom Vertrauen beim Beten
11,14–23: Verteidigungsrede Jesu
11,24–26: Von der Rückkehr der unreinen Geister
11,27–28: Zweierlei Seligpreisungen
11,29–32: Die Verweigerung eines Zeichens
11,33–36: Vom Licht und vom Auge

11,37–54: Worte gegen die Pharisäer und die Schriftgelehrten
12,1–3: Warnung vor der Heuchelei der Pharisäer
12,4–12: Aufforderung zum furchtlosen Bekenntnis
12,13–21: Das Beispiel von der falschen Sicherheit des reichen Mannes
12,22–32: Von der falschen und rechten Sorge
12,33–34: Vom wahren Schatz
12,35–48: Das Gleichnis vom treuen und vom schlechten Knecht
12,49–53: Von Frieden und Zwietracht
12,54–57: Von den Zeichen der Zeit
12,58–59: Von der Versöhnung
13,1–9: Mahnung zur Umkehr
13,10–17: Die Heilung einer Frau am Sabbat
13,18–19: Das Gleichnis vom Senfkorn
13,20–21: Das Gleichnis vom Sauerteig

Von der neuen Ordnung im Reich Gottes: 13,22 – 19,27

13,22–30: Von der engen und von der verschlossenen Tür
13,31–35: Der Abschied von Galiläa
14,1–6: Die Heilung eines Wassersüchtigen am Sabbat
14,7–11: Mahnung zu Bescheidenheit
14,12–14: Von den rechten Gästen
14,15–24: Das Gleichnis vom Festmahl
14,25–35: Vom Ernst der Nachfolge
15,1–10: Die Gleichnisse vom verlorenen Schaf und von der verlorenen Drachme
15,11–32: Das Gleichnis vom verlorenen Sohn
16,1–8: Das Gleichnis vom klugen Verwalter
16,9–13: Vom rechten Gebrauch des Reichtums
16,14–15: Das Urteil Jesu über die Pharisäer

16,16–18: Vom Gesetz und von der Ehescheidung
16,19–31: Das Beispiel vom reichen Mann und vom armen Lazarus
17,1–3a: Warnung vor Verführung
17,3b–4: Von der Pflicht zur Vergebung
17,5–6: Von der Macht des Glaubens
17,7–10: Das Gleichnis vom unnützen Sklaven
17,11–19: Der dankbare Samariter
17,20–21: Vom Kommen des Gottesreiches
17,22–37: Vom Kommen des Menschensohnes
18,1–8: Das Gleichnis vom gottlosen Richter und der Witwe
18,9–14: Das Beispiel vom Pharisäer und vom Zöllner
18,15–17: Die Segnung der Kinder
18,18–30: Von Reichtum und Nachfolge
18,31–34: Die dritte Ankündigung von Leiden und Auferstehung
18,35–43: Die Heilung eines Blinden bei Jericho
19,1–10: Jesus im Haus des Zöllners Zachäus
19,11–27: Das Gleichnis vom anvertrauten Geld

V. Die letzten Tage in Jerusalem: Kap. 19,28 – 21,38

Die Auseinandersetzung mit den Gegnern: 19,28 – 21,4

19,28–40: Der Einzug in Jerusalem
19,41–44: Die Ankündigung der Zerstörung Jerusalems
19,45–48: Die Tempelreinigung
20,1–8: Die Frage nach der Vollmacht
20,9–19: Das Gleichnis von den bösen Winzern
20,20–26: Die Frage nach der kaiserlichen Steuer
20,27–40: Die Frage nach der Auferstehung der Toten
20,41–44: Die Frage nach dem Messias
20,45–47: Worte gegen die Schriftgelehrten
21,1–4: Das Opfer der Witwe

Die Rede über die Endzeit: 21,5–36

21,5–6: Die Ankündigung der Zerstörung des Tempels
21,7–19: Vom Anfang der Not
21,20–24: Vom Gericht über Jerusalem
21,25–28: Vom Kommen des Menschensohnes
21,29–36: Mahnungen im Hinblick auf das Ende
21,37–38: Die Lehrtätigkeit Jesu im Tempel

VI. Das Leiden und die Auferstehung Jesu: Kap. 22,1 – 24,53

22,1–2: Der Beschluss des Hohen Rates
22,3–6: Der Verrat durch Judas
22,7–13: Die Vorbereitung des Paschamahls
22,14–23: Das Mahl
22,24–30: Vom Herrschen und vom Dienen
22,31–34: Die Ankündigung der Verleugnung und der Umkehr des Petrus
22,35–38: Die Stunde der Entscheidung
22,39–46: Das Gebet am Ölberg
22,47–53: Die Gefangennahme
22,54–62: Die Verleugnung durch Petrus
22,63–65: Die Verspottung durch die Wächter
22,66–71: Das Verhör vor dem Hohen Rat
23,1–5: Die Auslieferung an Pilatus
23,6–12: Die Verspottung durch Herodes
23,13–25: Die Verhandlung vor Pilatus
23,26–43: Die Kreuzigung
23,44–49: Der Tod Jesu
23,50–56: Das Begräbnis Jesu
24,1–12: Die Botschaft der Engel im leeren Grab
24,13–35: Die Begegnung mit dem Auferstandenen auf dem Weg nach Emmaus
24,36–53: Die Erscheinung des Auferstandenen in Jerusalem